hänssler

Ehe

es zu spät ist

Anregungen zur Gemeinsamkeit in Ehe und Familie

V. & G. Scheunemann

Volkhard und Gerlinde Scheunemann, wohnhaft in Hägelberg/Steinen, 4 erwachsene Kinder. Nach dem Studium der Theologie und der Heirat mit seiner Frau Gerlinde wurden sie 1962 nach der Ordination durch die damalige Lübecker Landeskirche in den Missionsdienst über den WEC International (Weltweiter Einsatz für Christus) nach Indonesien entsandt.

Dort waren sie 20 Jahre als theologische Lehrer und Internatsleiter am Bibelinstitut in Batu/Ostjava in einer erwecklichen Aufbauarbeit tätig.

1982 zurückgekehrt, übernahmen sie 1984 für 10 Jahre die Leitung ihrer Mission mit Sitz in Eppstein im Südtaunus.

Seit 1994 sind sie verantwortlich für das Bibel- und Seelsorgeheim Haus Frieden in Steinen-Hägelberg.

Die Deutsche Bibliothek – CIP-Einheitsaufnahme

Scheunemann, Volkhard:
Ehe – es zu spät ist : Anregungen zur Gemeinsamkeit
in Ehe und Familie / V. & G. Scheunemann. – 3. Aufl. –
Neuhausen-Stuttgart : Hänssler, 1996
(TELOS-Bücher ; 1301 : TELOS-Paperback)
ISBN 3-7751-1270-7
NE: Scheunemann, Gerlinde:; GT

3. Auflage 1996
TELOS-Bücher
TELOS-Paperback 1301
Bestell-Nr. 71.301
© Copyright 1988 by Hänssler-Verlag, Neuhausen-Stuttgart
Umschlaggestaltung: Heide Schnorr von Carolsfeld
Gesamtherstellung: Ebner Ulm

Siehe, wie fein und lieblich ist's,
wenn Brüder einträchtig beieinander wohnen!
Denn dort verheißt der Herr den Segen
und Leben bis in Ewigkeit.

Aus Psalm 133

Inhalt

Zum Einstimmen

Dieses Buch ist ein Plädoyer für den Menschen als Geschöpf Gottes. Es will versuchen, verstimmte und gerissene Saiten unseres Menschseins anzurühren, zu stimmen und neu zu ziehen. Es möchte Hilfen zur Gemeinschaftsfähigkeit des Menschen anbieten und Heilung für zerbrochene Gemeinschaftsbezüge in Ehe und Familie. Es möchte insbesondere der nachfolgenden Generation als Orientierungshilfe dienen zum rechten Umgang miteinander als Jungen und Mädchen, als Mann und Frau auf den geschöpflichen, guten Wegen, die Gott vorgezeichnet hat. Mit einem Satz: dieses Buch möchte etwas im Herzen des Lesers zum Klingen bringen – einen Ton der Hoffnung oder eine Melodie des Dankes.

Mit Dankbarkeit und froher Erwartung nehmen wir in unseren Tagen ein intensiveres Rechnen mit der Hilfe und den Kräften des Heiligen Geistes wahr. Wer den Geist Gottes versteht, versteht Gemeinschaft (siehe 3. Glaubensartikel) und wird sich der Heiligung als Zurüstung zur Gemeinschaft nicht entziehen. Gottes Geist und Gaben sind gemeinschaftsfördernd.

»Die Frau wird den Mann umgeben«, heißt es in einem prophetischen Wort (Jer 31,22). Sie wird nicht mehr gegen ihn, über ihm, unter ihm und auch nicht abseits von ihm stehen – all diese leidvollen Variationen einer unerlösten Mann-Frau-Beziehung. Sie wird wieder den Mann umgeben (vgl. 1. Mose 2,18). »Das ist das Neue, das der Herr im Lande schaffen will« (Jer 31,22).

Obwohl ich die meisten Kapitel alleine schreiben mußte, sind sie doch dem gemeinsamen Ringen um das rechte Gemeinschaftsverständnis in unseren Tagen erwachsen. Dem aufmerksamen Leser wird die Hand meiner Frau im siebten und neunten Kapitel nicht entgehen. Es ist zu merken, daß wir vieles gemeinsam bedacht haben. Wiederholungen ließen sich nicht immer vermeiden, auch nicht bei der Weiterführung von Gedanken, die in unserem ersten Buch bereits angeklungen sind. Dieser zweite Beitrag möchte den ersten ergänzen. Wir haben versucht, klar und taktvoll zu reden, die Wahrheit in Liebe und die Liebe in Wahrheit zu sagen.

Verpflichtungen im internationalen Missionswerk lassen es nicht zu, weiter an dem Thema zu arbeiten. Wir legen deshalb mit diesem Beitrag unseren »Abgesang« vor. Er stellt gleichsam eine Spätlese dar. Dem, der alles ermöglichte, sei allein Ehre und Dank!

Eppstein, im August 1987

I. Unsere gemeinschaftsgeschädigte Generation
– Eine Situationsskizze –

»Der Verschnittene soll nicht sagen: Ich bin ein dürrer Baum.«
Jesaja 56,3

Wir leben in einer gemeinschaftsgeschädigten Generation. Die Krise von Ehe und Familie, den Urformen der Gemeinschaft, ist bedingt durch mangelnde Gemeinschaftsfähigkeit und Dienstbereitschaft des Menschen unserer Tage. Die Konzentration auf die eigenen Bedürfnisse und der hinter Worten wie Selbstfindung, Selbstbestimmung und Selbstverwirklichung getarnte Egoismus machen den Menschen gemeinschaftsunfähig. Dabei braucht der Mensch die Gemeinschaft. Er ist ein soziales Wesen. Er ist zur Gemeinschaft erschaffen. Jesus hat darauf hingewiesen, daß das schädigende Beispiel der Eltern und Mitmenschen zur Gemeinschaft unfähig machen kann. Man möchte mit unseren Worten sagen: Etliche trauen sich die Ehe nicht zu, »weil sie von Menschen zur Ehe untauglich gemacht worden sind« (Mt 19,12).

Wenn heute Psychotherapeuten und Nervenärzte über volle Kliniken stöhnen, wenn Verhaltensforscher sagen, daß im letzten Jahrzehnt unseres Jahrhunderts ein Drittel der deutschen Bevölkerung verhaltensauffällig sein wird, dann müssen wir das auch als Anfrage an unser Sexualverhalten werten. Sexualverhalten und Gemeinschaftsfähigkeit hängen aufs engste zusammen und bedingen einander.

Seelische Schäden

Erschütternd ist das Bekenntnis eines 15jährigen Mädchens: »Ich fühlte mich wie eine Coca-Cola-Büchse: aufgerissen, ausgesoffen und weggeworfen.« Erschütternd auch das Bekenntnis eines Mannes in den Dreißigerjahren: »Ich bin ein sexuelles Wesen. Ich habe Anspruch auf ausgelebte Sexualität.« Und man fragt sich: Ist das alles? Muß ich mich von meinen sexuellen Trieben auf Kosten meines Nächsten beherrschen lassen? Oder das feministische Bekenntnis: »Mein Bauch gehört mir!« Die Selbstbestimmung, der moderne Moloch des 20. Jahrhunderts (vgl. 3. Mose 20,1–5), frißt seine Kinder.

Jesus hat schlüssig gesagt: »Wer sein Leben erhalten will, der wird's verlieren. Was hülfe es dem Menschen, wenn er die ganze Welt gewönne und nähme doch Schaden an seiner Seele?« (Mt 16,25–26). Seelische Schäden sind die Folge von ichbezogener Selbstverwirklichung, die sich in Sätzen wie: Wer zu Erfolg kommen will, muß sein Gewissen töten! oder: Vergiß, daß du ein Herz hast! zu Wort meldet. Demgegenüber heißt es in der Schrift: »Behüte dein Herz mit allem Fleiß, denn daraus quillt das Leben!« (Spr 4,23) und »Die Liebe tut dem Nächsten nichts Böses« (Röm 13,10). Hier prallen zwei Welten aufeinander. Sein oder Nichtsein, Selbstbestimmung oder Gottbestimmung, das ist hier die Frage.

Um den rechten Durchblick zu gewinnen, bedarf es einer geistlichen Erweckung, einer Erweckung zum Glauben. Erst wenn wir durch das göttliche Wort in das Gottesreich gezeugt und geboren worden sind (vgl. 1. Petr 1,23), werden wir von den biblischen Richtlinien zu Ehe und Familie als Gottes Gemeinschaftsformen überzeugt. Dann erst werden uns die Argumente der Bibel zum sexualethischen Verhalten einsichtig. Es handelt sich letztlich um ein geistliches Problem, das durch Aufhebung der Schuld und Erlösung vom bösen Gewissen und den Schäden der Seele gelöst werden muß. Erst dann wird Gottes Antlitz wieder über uns leuchten. Gott hat seinen Knecht Jesus gesandt, »daß ein jeder sich bekehre von seiner Bosheit« (Apg 3,26).

Unsere entwertete Welt

Ich möchte nicht ein Trauerlied auf unsere Welt anstimmen. Ich möchte aber realistisch sein und aufzeigen, in was für einer Welt wir leben. Wir leben wahrlich in einer entwerteten Welt! Wir erleben die Entwertung der Sexualität, die zu einem billigen Konsumgut geworden ist. Dies hängt mit der Entwertung des Leibes zusammen, die durch Freikörperkultur und Zurschaustellung des Leibes in Kiosken an jeder Straßenecke vorangetrieben wird. Diese Entwertung geht bis in die Sprache hinein. Wer unsere Sprache liebt, ist entsetzt darüber, wie man in den Schulen und daheim mit ihr umgeht. Manchmal denkt man, man befindet sich nicht unter Menschen, sondern in einem Tiergarten. Die Entwertung der Sprache hat die Entwertung des Umgangstons und der Umgangsformen zur Folge.

Während einer längeren Zugfahrt im Februar 1987 las ich die Nachrufe auf Hans Rosenthal. Was hatte diesen bekannten Fernsehquizmaster so liebenswert gemacht? Ein Kommentator faßte es in einem Satz zusammen: »Hans Rosenthal gehörte zu den wenigen Menschen, die nie ein böses Wort über andere verloren.«

Das Wort Entwertung klingt noch zu wertneutral, man sollte es vielleicht – und damit geht es uns unter die Haut – durch das Wort Verschmutzung ersetzen. Wie wir die Umweltverschmutzung beklagen, so müssen wir mit gleicher Vehemenz von einer drohenden Innenweltverschmutzung des Menschen sprechen. Im Mai 1986 erlebte ich die Folgen von Tschernobyl in Württemberg. »Tschernobyl ist überall!« war auf unzähligen Plakaten zu lesen. Ein Reaktorunglück löste solch eine Erschütterung aus!

Tschernobyl ist überall

Der 3. Weltkrieg hat auf ideologischer Ebene längst begonnen – und zwar mit dem Einsatz ideologischer Kernwaffen von bisher nicht dagewesener, globaler Zerstörungskraft. Die letzten zwei Jahrzehnte waren Zeugen einer weltweit zunehmenden Liberalisierung und Beseitigung der Gesetze über Gotteslästerung, Pornografie, Ehescheidung, Abtreibung und Homosexualität. Was einst verbindliches Recht und Sitte war, wird heute als diskriminierend in Frage gestellt.

Eine der profiliertesten Zeitströmungen zur ideologischen, antichristlich geprägten Gesetzesunterwanderung ist die Frankfurter Schule, wohl am meisten bekannt durch ihr Konzept der antiautoritären Erziehung. Die Bewußtseinsänderung des Menschen ist ihr erklärtes Ziel. Die anthropologische Revolution fordert die Befreiung des Menschen von allen althergebrachten Bindungen in Ehe, Familie und Staat, die als Unterdrückungsstrukturen dargestellt werden. Liebe und Verbindlichkeit zwischen Mann und Frau gelten als Ergebnis eines »grausamen Domestizierungsprozesses des Sexualtriebes während der Menschheitsgeschichte« (H. Marcuse). Die Beseitigung von Ehe und Familie ist daher das erklärte Ziel dieser bewußt antigöttlich konzipierten Bewegung, von der Antipädagogik ganz zu schweigen! Unverbindliche Partnerschaften und Kommunen werden als Ersatz angeboten.

Heute muß zugegeben werden, daß die emanzipatorische Erziehung ein Gefühl der Unsicherheit bei der von ihr geprägten Schülergeneration hervorgerufen hat, daß die problemorientierte Erziehung Angst und Übersensibilisierung erzeugt, und daß die praktizierte Sexualerziehung eine Generation liebes- und bindungsunfähig gemacht hat. Tschernobyl ist überall. Die Innenweltverschmutzung ist nicht auf den Westen beschränkt. Man findet sie ebenso im Osten und in den Großstädten der dritten Welt. Die Medien sorgen für die Verbreitung der radioaktiven Gedanken, die wie Mehltau auf die Menschen fallen. Das Unheimliche daran ist, daß die radioaktive Bedrohung unsichtbar und zunächst gar nicht spürbar ist.

Die humanistische Fehleinschätzung

Seit der Französischen Revolution von 1789 hat sich die anthropozentrische Lebens- und Weltanschauung explosionsartig ausgebreitet. Was sich im Griechentum angebahnt hatte und in dem Satz vom Menschen als dem Maß aller Dinge an die Oberfläche gedrungen war, wurde nun immer mehr die allgemeine Auffassung der westlichen Völker. In der Erklärung der Menschen- und Bürgerrechte von 1789 steht der Satz: »Die Freiheit besteht darin, daß man alles tun kann, was keinem anderen schadet.« Das klingt zunächst überzeugend, und dennoch ist es ein gefährlicher Satz. Er läßt nämlich ungeklärt, was dem anderen schadet. Wenn dies jeder Mensch selbst bestimmen kann und muß, so ist das eine sehr ambivalente und gefährliche Aufgabe sowie eine gründliche Überschätzung des Menschen. Wozu die humanistische Fehleinschätzung des Menschen geführt hat, führte der Altbundespräsident Prof. Dr. Karl Carstens in einem 1986 gehaltenen Vortrag aus. Ich zitiere daraus:

Karl Carstens zum Thema Erziehungsziele

»Schlimm wurde es, als sich die moderne Pädagogik des emanzipatorischen Freiheitsbegriffs bemächtigte. Ichbezogene Selbstverwirklichung, Lustmaximierung hießen die Stichwörter dieser Lehre. Antiautoritäre Erziehung, Trennung des Kindes von seinen Eltern wurde gefordert. Diesen Irrweg haben wir alle teuer bezahlt. ›Es gibt eine Art von Emanzipation, die alles zerstört: Moral, Sitte, Recht, Religion, Ehe, Liebesfähigkeit, Glaubensfähigkeit‹, hat der Probst von Neumünster, Karl Hauschildt, kürzlich gesagt. Und ich kann ihm nur zustimmen. Diese Art von Emanzipation führt zum Anspruchsdenken und zum Verlust der Bereitschaft, Aufgaben für die Allgemeinheit zu übernehmen. In ihr liegt eine große Gefahr für den jungen Menschen selbst und für die Gesellschaft insgesamt. Die Christen müssen ihr entschieden entgegentreten. Wir müssen fordern, daß die Nächstenliebe in den Mittelpunkt der Erziehung gerückt wird, daß Freundlichkeit, Geduld, Opferbereitschaft und Bereitschaft zur Vergebung Erziehungsziele werden.

Dem jungen Menschen muß klargemacht werden, daß der Sinn des Lebens darin besteht, sich für ein Ziel einzusetzen, das über den einzelnen selbst hinausweist, sei es der Dienst der Liebe an dem Nächsten oder die Erziehung der eigenen oder fremder Kinder oder eine andere soziale Aufgabe oder die Linderung der Not in der dritten Welt oder das Eintreten für den Frieden oder ein Leben, das Gott geweiht ist.

Auch Dankbarkeit, Treue, Wahrhaftigkeit, Nüchternheit und Mäßigkeit, Hochherzigkeit und Tapferkeit verdienen einen Platz in dem Katalog der Erziehungsziele. Und es muß dem jungen Menschen auch gezeigt werden, daß Rückschläge, Leid, Not und Schmerzen ihren Sinn haben, daß er an ihnen reift und innerlich fest wird.«

Carstens schließt seine Ausführungen mit dem Aufruf:

Die religiöse Dimension in die Zukunft hinüberretten!

»Meine größte Sorge im Hinblick auf die Zukunft sind nicht die Atomwaffen als solche, so schrecklich sie sind, ist nicht die Bedrohung der Umwelt, so sehr sie uns beunruhigt und ist nicht die Bevölkerungsexplosion in der dritten Welt, so schwer es sein wird, dafür eine Lösung zu finden. Meine größte Sorge ist, daß wir in unserer Zivilisation die religiöse Dimension verlieren könnten. Dann allerdings könnte das Ende über uns hereinbrechen.

Wenn der Mensch sich selbst zum Maßstab aller Dinge erhebt, wenn er das Gefühl dafür verliert, daß er letzten Endes aus eigener Kraft die ihm gestellten Aufgaben nicht lösen kann, sondern daß er dazu Gottes Hilfe braucht, daß er aber umgekehrt, wenn er versagt, auf Gottes Gnade hoffen kann – wenn dieses Gefühl verlorengeht, dann sieht es schlimm aus. Wenn der Mensch entartet, ist er zu allem fähig. Die stärkste Kraft, die ihn davor bewahrt, ist der Glaube und das Gebot der Nächstenliebe.«

Aus einem Tagebuch

An dieser Stelle möchte ich Tagebuchaufzeichnungen einer Siebzehnjährigen wiedergeben. Sie stammen zwar aus den fünfziger Jahren, geben aber sehr ehrlich eine Konfliktsituation wieder, in die man durch seine selbstbestimmte Freiheit geraten kann. »Der Ball war herrlich! Es waren sehr nette Herren da, und ich mußte meine ganze Energie aufbieten, um meinem Vorsatz, mich mit keinem näher einzulassen und ihn wiederzusehen, treu zu bleiben. Um 22 Uhr etwa kam auch Walter, und dann tanzte ich natürlich am meisten mit ihm. Zuletzt wollten einige wissen, wann wir uns verloben; aber da ist nichts zu machen! Ich befürchte allerdings, daß Walter sich so etwas vorgenommen hat; es wird aber nichts, so nett er ist. Mit der Nachricht, daß ich die Erlaubnis zum Studieren erhalten habe, hoffte ich ihn abzuschrecken. Pustekuchen! Er sagte nur ein bißchen betrübt: ›Och, dann dauert's ja noch zwei Jahre länger!‹ Was er meinte, brauchte ich nicht mehr zu fragen, als ich seine Augen sah. – Ich kann mich drehen und wenden, wie ich will, es hilft nichts, er will mich heiraten. Schade, er ist so ein netter Junge!«

Die nächste Aufzeichnung erfolgte eine Woche später:

Ein Hilfeschrei

»Ich habe etwas getan, was ich nie wiedergutmachen kann. Ich habe nicht nachgedacht, – ich wollte nicht nachdenken und habe mir eingebildet, daß ich mit Walter eine gute Freundschaft halten könnte. Ich habe geahnt, daß er es nicht kann, aber ich wollte es nicht wahrhaben. Nun ist es zu spät! Gestern sind mir die Augen aufgegangen: Er liebt mich, er will mich heiraten! – Ich kann es nicht. Ich hätte mir das eher überlegen müssen und rechtzeitig Schluß machen müssen. Mir gingen zu spät die Augen auf. Da gab es eine Katastrophe. Ich konnte es nicht mehr ertragen und habe ihm gesagt, daß wir Schluß machen müssen. Nun glaubt er, ich habe ihn nicht gern und habe mit ihm gespielt. Er ist beinahe zusammengebrochen. Wie konnte ich nur so etwas tun! Vielleicht wäre es klüger gewesen, wenn ich mich langsam von ihm zurückgezogen hätte. Aber ich kann nicht mehr. Die Last ist zu schwer: immer zu wissen, er liebt mich und macht sich Hoffnungen, die ich ihm nie erfüllen kann. Nein! Da habe ich lieber gleich Schluß gemacht. Wie weh habe ich ihm getan! Aber später hätte es ihn doch noch schwerer getroffen. Er ist unglücklich. Wie konnte ich nur so verantwortungslos sein und die Augen schließen vor den Folgen, die unsere Freundschaft haben würde! Ich habe mir eingebildet, wir könnten eine Freundschaft halten, dann habe ich nicht rechtzeitig gesehen, wie es sich änderte, ich war nicht stark genug, dem entgegenzuwirken. Nun ist es zu spät, und ich habe die Schuld! Was soll ich tun? Ich kann ja nichts wiedergutmachen, gar nichts! – Oder soll ich ihn heiraten? Soll ich meine Pläne aufgeben? – Das geht doch nicht! Ich würde ihn und mich unglücklich machen. Ich liebe ihn doch nicht. Ich kann ja nicht lieben. Ich darf niemals heiraten! Walter habe ich unglücklich gemacht! Oh, wer kann mir aus dieser Schuld heraushelfen? Die Liebe ist schön? Nein, denn sie bereitet Schmerzen, so viele Schmerzen!

Wenn ich keine Hilfe bekomme, – allein muß ich verzweifeln.

Ein Mensch kann mir hier nicht helfen, keiner. Ich glaubte, ich hätte so viele Freundinnen und Freunde. Wo ist jetzt der, der mir helfen kann? Ich bin ganz allein! Und ich bin so schwach, so erbärmlich! Hilfe! –«

Was ist gut

Es muß zugegeben werden, daß die vom Humanismus propagierte anthropozentrische Weltanschauung nicht ausreicht. Der Mensch kann nicht bestimmen, was seinem Nächsten schadet. Wir brauchen mehr, wir brauchen das richtungsweisende und übergreifende Wort, wie wir es in der Bibel finden: «Es ist dir gesagt, Mensch, was gut ist und was der Herr von dir fordert, nämlich Gottes Wort halten und Liebe üben und demütig sein vor deinem Gott« (Mi 6,8).

Es muß uns gesagt werden, was dem Nächsten schadet. Wir wissen es nicht von uns aus. Es gilt in Demut dieses Gotteswort zu akzeptieren und zu praktizieren.

In der Bergpredigt greift Jesus die goldene Regel der Rabbinen auf und wendet sie ins Positive:»Alles, was ihr wollt, daß euch die Leute tun sollen, das tut ihnen auch!« (Mt 7,12) – Das ist mehr als der Satz aus der französischen Verfassung:»Die Freiheit besteht darin, daß man alles tun kann, was keinem anderen schadet.« Jesus weist ausdrücklich auf das vorgegebenen Gotteswort im Gesetz und in den Propheten hin, worauf die Goldene Regel des mitmenschlichen Verhaltens basiert. Es muß uns gesagt werden: die Wahrheit kann nicht von der kollektiven Identität einer Gruppe abhängig gemacht werden, wie J. Habermas es will. Sie ist nicht austauschbar wie ein Hemd im Rollenspiel der Gruppe. Wir brauchen mehr als eine Gruppenmoral.

Es ist zu wenig, wenn wir unsere Überzeugungen von Menschen abhängig machen. Es führt in eine neue Form der Unfreiheit und Abhängigkeit hinein, wenn der Mensch zum Maßstab für den Menschen wird, wie Karl Marx gefordert hat:»Der Mensch ist für den Menschen das höchste Wesen.«

Max Horkheimer lenkt ein

Daß sich der anthropozentrische, auf den Menschen gründende Grundansatz für das Handeln des Menschen nicht durchhalten läßt, beweisen Erkenntnisse des späten M. Horkheimer, dem als Vordenker der Frankfurter Schule besondere Bedeutung zukommt. Nach Horkheimer gibt es keine logisch zwingende Begründung dafür, daß ich nicht hassen soll, wenn ich mir dadurch im gesellschaftlichen Leben keine Nachteile zuziehe. Er sagt wörtlich: »Alle Versuche, die Moral anstatt durch den Blick auf ein Jenseits auf irdische Klugheit zu begründen, beruhen auf harmonistischen Illusionen. Alles, was mit Moral zusammenhängt, geht letzten Endes auf Theologie zurück.« (Vgl. Spiegel-Interview 1971 mit H. Gumnior.) Horkheimer sieht das Überleben der Menschheit nur dann gesichert, wenn nicht der Mensch die letzte Instanz ist, sondern eine letzte, höchste Autorität kennt und anerkennt. »Wer den Menschen zum Gott macht, inthronisiert damit immer auch die potentielle Bestie« (H. Hempelmann).

Der Irrtum Haeckels

Unter dieser Überschrift hat die Europäische Ärzteaktion einen Beitrag von Prof. Dr. E. Blechschmidt, dem bekannten Humanembryologen aus Göttingen, herausgegeben. In ihm bezeichnet Blechschmidt das von Ernst Haeckel 1866 aufgestellte Biogenetische Grundgesetz als einen der folgenreichsten Irrtümer, auf dem heute der als frei verfügbar geglaubte Umgang mit dem ungeborenen Leben beruht. Bis in den Biologieunterricht der Höheren Schulen hinein hat sich dieser Irrtum breitgemacht, indem man in direkter Verbindung mit der Leibesfrucht von Zellhaufen, Kaulquappe oder Lurch spricht. Wenn der Mensch nach dem Biogenetischen Grundgesetz zunächst Einzeller, dann Wurm, Fisch, Reptil, niedriges Säugetier und Halbaffe und erst in den letzten Monaten Mensch ist, dann hat das unabdingbare Folgen für den Umgang mit dem ungeborenen Leben. Das hat die Diskussion um die Abtreibung in den letzten Jahren wieder und wieder bewiesen. Hat Haeckel geirrt, dann werden nicht Lurche, sondern Menschen getötet. Wegen der Wichtigkeit dieser Aussagen möchte ich Ernst Blechschmidt hier selbst zu Wort kommen lassen.

Keine nichtmenschlichen Frühstadien des menschlichen Keims

»Als einer der folgenreichsten Irrtümer muß das von Ernst Haeckel behauptete Biogenetische Grundgesetz genannt werden. Es besagt, daß der menschliche Keim während seiner Individualentwicklung, seiner Ontogenese, den Prozeß der Stammesentwicklung, der Phylogenese, in abgekürzter Form rekapituliere und lehrt damit konsequenterweise, daß der Mensch ontogenetisch zunächst noch kein Mensch sei. Diese Meinung konnte entstehen und Geltung haben, solange kompetente humanembryologische Befunde fehlten. Ohne die tatsächlich unzureichenden Präparate der damaligen Zeit hätte das Biogenetische Grundgesetz gar nicht aufgestellt und glaubhaft gemacht werden können. Wer der Hypothese Haeckels noch Glauben schenkt, nimmt an, der menschliche Keim durchlaufe zunächst nichtmenschliche Frühstadien, bevor er – nach Ausbildung eines vermeintlich allgemeinen Säugetierplans – charakteristische menschliche Differenzierungen zeigt.

Nachdem man heute die menschliche Ontogenese mikroskopisch gut kennt, hat man die Annahme einer Rekapitulation der Phylogenese während der Ontogenese nachgeprüft und feststellen müssen, daß sich kein Beleg für eine Rekapitulation finden läßt. Heute wissen wir, daß das Biogenetische Grundgesetz einer der größten Irrtümer der Biologie war. Es ist nachgewiesen, daß Haekkels Vorstellungen falsch waren und daß alle Versuche, etwas von ihnen zu retten, vergeblich sind. Es gilt heute nicht etwa ›in einem anderen Sinn‹ oder ›nur im Prinzip‹. Es gilt gar nicht!

Mensch von der Befruchtung an

Ontogenese ist Phaenogenese, das heißt Änderung des Erscheinungsbildes, aber niemals Wandlung des Wesens. Deshalb ist die Phylogenese irrelevant für die Beschreibung der jeweiligen Ontogenese. Entwickeln kann sich nur, was seinem Wesen nach schon

19

angelegt ist. Dieser heute als Prinzip erkannte Sachverhalt erlaubt es nicht mehr, danach zu suchen, in welchem Stadium – gleichsam nachträglich – ein Mensch aus einem menschlichen Ei entstünde. *Ein Mensch wird nicht Mensch, sondern ist Mensch von der Befruchtung an.* Heute weiß man, daß keine Entwicklungsphase existiert, die einen Übergang von noch nicht menschlichen zu menschlichen Differenzierungen bildet.

Auf die Frage, woher man weiß, daß schon in den ersten Tagen und Wochen ein sogenanntes menschliches Ei oder ein menschlicher Embryo wirklich ein Mensch ist, lautet die begründete Antwort: Wir wissen heute, daß jedes Ei artspezifische Chromosomen enthält und daß in der Ontogenese keine Chromosomenänderungen vorkommen, die etwa artverändernd wirken würden. Denn was sich während der Entwicklung ändert, ist nur das Erscheinungsbild, aber nicht das Wesen.«

Das AIDS-Menetekel

Wie unvertretbar das freie Sexualverhalten unserer Tage ist, zeigen nicht nur seine irrtümlichen Grundlagen und die daraus datierenden frei verfügbaren Eingriffe im Umgang mit dem ungeborenen Leben, sondern auch seine krankhaften Auswirkungen in der neuen Volkspest AIDS. Unter der Überschrift: »Auch die Sexuelle Revolution frißt ihre Kinder« gibt die Ärztezeitung vom 13. 2. 1987 eine internationale Studie zum Thema AIDS wieder. Auch wenn der Hauptvorstoß des AIDS-Virus zur Zeit besonders die Länder Zentralafrikas und Lateinamerikas bedroht, so daß bei ungebremster Ausbreitung der Hauptzoll der bis zum Jahr 2000 geschätzten 100 Millionen Toten von diesen Ländern gefordert werden wird, so ist das Vordringen von AIDS in den USA und auch in der Bundesrepublik Anlaß zu größter Sorge und Wachsamkeit. Rund 1000 AIDS-Erkrankungen in der Endphase sind zur Zeit bei uns bekannt. Die Zahl der Infizierten wird auf 200 000 oder gar 400 000 geschätzt. Daß die Inkubationszeit mehr als zwölf Jahre dauern kann, macht diese Krankheit so unheimlich. Bekanntlich wird AIDS durch Blut und Sperma übertragen. Unter den Prostituierten Nairobis waren über 70 % AIDS-positiv. Nach den homosind nun auch heterosexuelle Volksgruppen infiziert. Selbst AIDS-Babys werden geboren. Der Kommentator in der erwähnten Ärztezeitung schreibt: »Bei sprunghaften und tiefgreifenden Veränderungen hat sich nun schon zu wiederholten Malen gezeigt, daß zumindest nicht alles so einzutreten pflegt, wie sich die Revolutionäre das erhofft hatten. Nicht selten gehen sie daher in der instabilen, unmittelbaren Folgephase zugrunde. Nolens volens muß der Mensch auch mit AIDS fertig werden, das als eine Folge der ›Sexuellen Revolution‹ im Begriff ist, ihre eifrigsten Kinder auszurotten.«

Harte Folgen eines unverantwortlichen Sexualverhaltens

So würde man heute einen Ausdruck der Bibel übersetzen, der sich in ihrem letzten Buch findet: »Zorneswein der Unzucht« (Offb 14,8).

Er weist auf zwei Sachverhalte hin. Zum einen sagt er aus, daß ein unverantwortliches Sexualverhalten den Menschen unter den Zorn seines Schöpfers bringt, und das bedeutet Gericht. Deswegen mahnt der Engel unter dem Himmel mit Recht: »Fürchtet Gott und gebt Ihm die Ehre; denn die Stunde seines Gerichts ist gekommen!« (Offb 14,7).

Zum anderen öffnet der Ausdruck eine spirituelle Dimension. Die Zusammenhäufung der Massen unter der Diktatur der Weltmacht Babel »hat alle Völker mit dem Zorneswein ihrer Unzucht getränkt« (Offb 14,8). Gegenüber dieser Zusammenballung des Bösen ist der einzelne, der nicht an Christus gebunden ist, machtlos. Er wird das Zeichen der neuen Weltmoral annehmen, trotz der furchtbaren Warnungen in Offenbarung 14,9–12.

Verlust des ökologischen Gleichgewichts

Es wiederholt sich alles, auch die Umweltkatastrophe als Folge menschlicher Überheblichkeit. Ich zitiere einen Gottesspruch aus Jesaja 10:

»Ich will heimsuchen die Frucht des Hochmuts des Königs von Assyrien und den Stolz seiner hoffärtigen Augen, weil er spricht: ›Ich hab's durch meiner Hände Kraft ausgerichtet und durch meine Weisheit, denn ich bin klug.‹ Vermag sich auch eine Axt zu rühmen wider den, der damit haut, oder eine Säge sich großzutun wider den, der sie zieht? Als ob die Rute den schwänge, der sie hebt; als ob der Stock den höbe, der kein Holz ist! –

Darum wird die *Herrlichkeit seiner Wälder* und Gärten *zunichte werden mit Stumpf und Stil und wird vergehen und dahinschwinden, daß die Bäume seiner Wälder,* die übrigbleiben, gezählt werden können, und ein Knabe kann sie aufschreiben.«

Oder ein weiteres Gotteswort aus Jesaja 24:

»Siehe, der Herr macht die Erde leer und wüst und wirft um, was auf ihr ist, und zerstreut ihre Bewohner. Das Land verdorrt und verwelkt, der Erdkreis verschmachtet und verwelkt, die Höchsten des Volkes auf Erden verschmachten. Die Erde ist entweiht von ihren Bewohnern; denn sie übertreten das Gesetz und ändern die Gebote und *brechen den ewigen Bund.* Darum frißt der Fluch die Erde, und büßen müssen's, die darauf wohnen.«

Dem Gemeinschaftsgeschädigten aber, der sich in unserer Welt wie ein absterbender Baum vorkommt, gilt die Zusage Gottes:

»Den Verschnittenen, die an meinem Bund festhalten, will ich in meinem Hause ein Denkmal und einen Namen geben; das ist besser als Söhne und Töchter« (Jes 56,4–5).

Wie David in der Wüste darf er beten:

»Gott, du bist mein Gott, den ich suche.
Es dürstet meine Seele nach dir,
mein ganzer Mensch verlangt nach dir
aus trockenem, dürren Land, wo kein Wasser ist.

So schaue ich aus nach dir in deinem Heiligtum,
wollte gerne sehen deine Macht und Herrlichkeit.
Denn deine Güte ist besser als Leben;
meine Lippen preisen dich.
So will ich dich loben mein Leben lang
und meine Hände in deinem Namen aufheben.
Das ist meines Herzens Freude und Wonne,
wenn ich dich mit fröhlichem Munde loben kann;
wenn ich mich zu Bette lege, so denke ich an dich,
wenn ich wach liege, sinne ich über dich nach.
Denn du bist mein Helfer,
und unter dem Schatten deiner Flügel frohlocke ich.
Meine Seele hängt an dir;
deine rechte Hand hält mich.«

Psalm 63,2–9

II. Die Gemeinschaftsbedürftigkeit des Menschen

»Der Vogel hat ein Haus gefunden und die Schwalbe ein Nest für ihre Jungen – deine Altäre, Herr Zebaoth, mein König und mein Gott.«
Psalm 84,4

Heimweh

Ich beginne mit einem Wort Dietrich Bonhoeffers: »Was ein Haus bedeuten kann, ist heute bei den Menschen in Vergessenheit geraten, uns anderen aber ist es gerade in unserer Zeit klargeworden. Es ist eine Gründung Gottes in der Welt, der Ort, an dem – was immer in der Welt vorgehen mag – Friede, Stille, Freude, Liebe, Reinheit, Zucht, Ehrfurcht, Gehorsam, Überlieferung und in dem allen Glück wohnen soll.«

Früher suchten die Menschen Zuflucht in Höhlen, erbauten sich Burgen auf Bergeshöhen oder schützten sich durch städtische Mauern. »My home is my castle«, sagt der Engländer und deutet damit auf die Schutzbedürftigkeit des Menschen hin. Wir brauchen Plätze der Geborgenheit, Orte, wo wir hingehören, wir brauchen Heime in dieser Welt. Sind wir bereit, an ihnen zu bauen und sie auch innen zu füllen? Sind wir bereit, an solchen Gründungen Gottes teilzuhaben? Friedrich Nietzsche hat in vielen Dingen die Entwicklung des 20. Jahrhunderts vorhergesehen. Er ahnte, daß der Mensch als Folge seiner Gottlosigkeit der ›unbehauste‹ Mensch sein würde. Dies hat er u. a. in den kurzen Versen zum Ausdruck gebracht:

> »Die Krähen schrein
> und fliegen, schwirren flugs zur Stadt.
> Bald wird es schnein.
> Weh dem, der keine Heimat hat!«

Die Unbehausten, eine blitzartig grelle, erhellende Deutung des modernen Menschen! Es macht aber den Menschen krank, wenn er nicht weiß, wo er hingehört, wenn er keine Bleibe in dieser Welt hat. Selbst Ochse und Esel wissen, wo sie hingehören, klagt der Prophet. Sie kennen die Krippe ihres Herrn (vgl. Jes 1,3). Aber der Mensch weiß es nicht. Sind wir denn dümmer als Tiere? Oder müssen wir ehrlicher sagen: Der Mensch will es nicht wissen, bis ihn Gott von seiner Gottlosigkeit heilt (vgl. Hos 14,5; Jer 3,22)?

Der Dichter und wortgewandte Philosoph Heinrich Heine schrieb am Ende seines Lebens: »Wenn man auf dem Sterbebett liegt, wird man sehr empfindsam und möchte Frieden machen mit Gott und der Welt. Ja, ich bin zurückgekehrt zu Gott, wie der verlorene Sohn, nachdem ich lange bei den Hegelianern (philosophische Richtung des 19. Jahrhunderts) die Schweine gehütet habe. Das himmlische Heimweh überfiel mich und trieb mich fort durch die Wälder und Schluchten, über die schwindligsten Bergpfade der Dialektik. Ich verdanke meine Erleuchtung ganz einfach der Lektüre eines Buches, der Bibel. Mit Fug und Recht nennt man diese auch die Heilige Schrift. Wer seinen Gott verloren hat, der kann ihn in diesem Buch wiederfinden, und wer ihn nie gekannt, dem weht hier entgegen der Odem des göttlichen Wortes.«

Der Mensch ist zur Gemeinschaft erschaffen

Schon die ersten Blätter der Bibel sprechen davon, daß Gott den Menschen zur Gemeinschaft erschaffen hat. In 1. Mose 1,27 lesen wir: »Gott schuf den Menschen als Mann und Frau.« Das heißt doch, daß der Mensch zur Zweisamkeit, zur Gemeinschaft bestimmt ist. Wir brauchen einander, auch in dem Gegenüber von Mann und Frau. Das wird noch einmal im 2. Kapitel desselben Buches betont, wo auf den Prozeß der Erschaffung des Menschen zurückgeblendet wird: »Es ist nicht gut, daß der Mensch allein sei« (V. 18). Adam hatte sich lange mit den Vögeln und Tieren beschäftigen müssen. Doch unter ihnen hatte er keine Gehilfin gefunden (1. Mose 2,20). So nett und anhänglich Tiere sein können – wir Menschen brauchen mehr. Wir sind zur Gemeinschaft mit anderen Menschen erschaffen – und zur Gemeinschaft mit Gott.

Gott lebt in Gemeinschaft

Eine zweite Erkenntnis können wir aus der Kernaussage der Heiligen Schrift über den Menschen gewinnen, nämlich daß »Gott den Menschen zu seinem Bilde schuf« (1. Mose 1,27). Wir können daraus ableiten, daß der Mensch nach einem göttlichen Modell geschaffen wurde. Die Bibel erschließt uns, daß Gott in ewiger Gemeinschaft als Vater, Sohn und Heiliger Geist lebt. Gott verlangt nach Gemeinschaft. Ja, Gott schenkt dem Menschen Anteil an seiner Gemeinschaft. Das ist ein unerhörter Sachverhalt. Etwas Vergleichbares finden wir in den Hochreligionen nicht: Einen Gott, der Gemeinschaft stiftet, weil er in Gemeinschaft lebt, ja, der uns in Jesus Christus in seine Gemeinschaft hineinzieht, wie Paulus schreibt: »Gott ist treu, durch welchen ihr berufen seid zur Gemeinschaft mit seinem Sohn Jesus Christus« (1. Kor 1,9). Oder Johannes: »Unsere Gemeinschaft ist mit dem Vater und mit seinem Sohn Jesus Christus« (1. Joh 1,3). Aus dem biblischen Satz, daß Gott Liebe ist, hat der Kirchenvater Augustin gefolgert, daß Gott in ewiger Gemeinschaft lebt, denn Liebe realisiert sich in der Gemeinschaft. Die liebevolle Beziehung zueinander, die wir in der Gottheit finden, soll sich im Miteinander des Menschen widerspiegeln. In der Gemeinschaft von Mann und Frau soll der Mensch realisieren, was er in der Gemeinschaft mit Gott erfährt. Wie Eva als Gegenüber Adams, so sind beide zu Gottes Gegenüber geschaffen. Wir sind Gottes Du.

Urinformation in der Bibel

Als Abbild muß sich der Mensch immer wieder am Urbild orientieren. Diese Rückorientierung geschieht durch das Zur-Ruhe-Kommen vor Gott im Gebet und durch das Ernstnehmen seines Redens mit uns in der Bibel. Hier hat Gott sein Konzept, seinen

Plan mit dem Menschen offen dargelegt. Hier finden wir die Urinformation, den Code für die Entwicklung und das Verhalten des Menschen. »Im Anfang war die Information« hat Werner Gitt eines seiner Bücher in bewußter Anlehnung an den ersten Vers des Johannesevangeliums genannt. Der Mensch ist geplant, er ist kein Produkt des Zufalls. Heute gehört ein größerer »Glaube« dazu, an die Evolution als an eine Schöpfung zu glauben. Ohne Code kein Leben und ohne Schöpfer kein Code. Die komplexe Struktur eines Eiweißmoleküls läßt den Gedanken an eine zufällige Zusammenfügung absurd erscheinen.

Der Mensch ist als Person erschaffen

Eine weitere Kernaussage der Bibel über Gott und den Menschen findet sich in 2. Mose 3,14. Dort gibt Gott Mose seinen Namen mit den Worten bekannt: »Ich bin, der ich bin, und ich werde sein, der ich sein werde.« Ein rätselhafter Name! Doch nomen est omen. Namen sind wichtig und sagen viel über das Wesen aus. Eines ist sogleich einsichtig: Wenn Gott sagt: »Ich bin«, dann spricht er von sich als Person. Gott ist kein Es, keine bloße Kraft, kein blindes Schicksal. Gott ist Person, ein Ich mit Wille, Gefühl und Gedanken. Wenn wir Menschen zum Bilde Gottes geschaffen sind, dann dürfen und sollen auch wir ein Ich sein, eine Person. Wir haben einen Wert. Wir sind wer. Gott meint, was er sagt: »Du bist wert geachtet in meinen Augen« (Jes 43,4). Es gibt mich nur einmal. Es kann keiner tun, was Gott durch mich in dieser Welt tun möchte. Ich bin gewollt. Ich bin geschaffen. Ich danke Gott, daß ich bin, daß ich ein Gedanke Gottes sein darf. Gott kennt mich mit Namen (Jes 43,1). Und ich darf seinen Namen anrufen.

Gott hat seinen machtvollen Namen »Ich bin, der ich bin« Jesus gegeben (Joh 17,11–12). In Jesus (Jehoshua) ist der Name Jahwe enthalten. Wer den Namen Jesus anruft, soll gerettet werden (Röm 10,13), er wird erlöst und braucht sich nicht mehr zu fürchten (Jes 43,1). Hier liegt ein tiefes Geheimnis und auch der Weg zur Genesung mancher seelischer Erkrankung unserer Tage verborgen. An Gottes Zuwendung werden wir heil. Wir finden zu Gott, zu uns selbst und zu unserer Lebensbestimmung.

Person sein heißt: für den anderen da sein

In der Selbstbekundung Gottes am Berg Horeb hören wir noch ein weiteres heraus. Wenn Gott sagt »Ich bin, der ich bin«, dann müssen wir im damaligen Kontext interpretieren: Ich bin für euch. Mich jammert das Volk Israel. Ich will es aus der Sklaverei befreien und aus Ägypten herausführen.

Gott ist für uns. Gott ist nicht selbstgenügsam auf sich selbst bezogen. Götter dagegen sind selig in sich selbst und lassen sich nicht stören durch das, was in der Welt geschieht. Die Götter des Olymp entzogen sich gern der Weltverantwortung. Der biblische Gott ist der Gott für die Welt und für die Menschen. So sagt Gott in seiner Selbstdarstellung nicht nur, daß er ist, sondern auch, wer er ist.

Jesus hat dieses »Ich bin« aus 2. Mose 3,14 aufgegriffen und gefüllt, indem er sagte: »Ich bin Brot, Licht, Hirte, Tür, Auferstehung, Leben, Weg, Wahrheit, Weinstock (vgl. Johannesevangelium). Ich bin, was ihr braucht. Ich bin für euch. Ich gebe euch teil an mir. So sieht Gottes Personsein aus. Weil wir zum Personsein erschaffen sind, müssen wir uns an Gottes Personsein orientieren, der nicht für sich selbst lebt, sondern dem Menschen Anteil an sich und seiner Herrlichkeit gibt.

Ich bin durch dich

Hier berühren wir tiefe, existenzielle Dinge. Wenn Jesus sagt: »Ich bin die Wahrheit«, so folgt daraus: Wahrheit ist personal. Wahrheit ist mehr als eine mathematische Formel oder ein Lehrsatz. Wahrheit ist an die Person gebunden und wird – so hat es E. Brunner gelehrt – in der Begegnung erfahren. In der Begegnung mit Jesus und dann auch miteinander. Die Begegnung gehört zum Personsein dazu, die Begegnung mit einem Du. Und in dieser Begegnung werde ich zu einer Person, entdecke ich mich selbst. Nicht im Umgang mit Dingen und Zahlen werde ich zum Menschen, sondern in der mitmenschlichen Begegnung und über allem in der Begegnung mit Gott. Der bekannte jüdische Religionsphilosoph Martin Buber hat diesen Sachverhalt auf die Formel gebracht: Ich bin durch dich – ein Satz, der nur auf alttestamentlichem Nährboden entstehen konnte. Ich brauche ein Du, um mich zu verstehen, um zu mir selbst zu kommen. Ich brauche den anderen, um zu atmen und mich zu freuen, um zu sein. Ich bin durch dich, Gott. Du bist für mich ansprechbar in Jesus, meinem Herrn und Erlöser. Deswegen wage ich es, auf Menschen zuzugehen in dem Bewußtsein: Ich bin durch sie. Du, Gott, läßt mich durch sie Mensch sein, Mensch werden. Als der Begriff der Selbstverwirklichung ins Gespräch kam, war er zunächst positiv gemeint. Der Mensch hat die Aufgabe, zu sich selbst zu finden im Gegenüber der Gemeinschaft. Johannes Scheffler hat dies in dem Reim ausgedrückt:

»Vor jedem steht ein Bild des, das er werden soll.
Solang' er das nicht ist, ist nicht sein Friede voll.«

So erkenne ich mich selbst im Spiegel des Gegenübers im negativen und positiven Sinn. Vielleicht habe ich von mir gedacht, ein recht umgänglicher Typ zu sein, bis ich ein Zimmer mit zwei weiteren Mitbewohnern teilen mußte und erkannte, zu welcher Ungeduld, zu welchem Zorn ich fähig sein kann! Aber nicht nur meine Schwächen werden erkennbar werden. Im Gespräch mit meinem Gegenüber entdecke ich, daß ich kreativ denken, daß ich in Worte fassen kann, was mich bewegt, auch daß ich geduldig zuhören kann. Ohne ein Gegenüber bleibe ich allein, bleibe ich in Unkenntnis über mich selbst und bin in Gefahr, vom Boden abzuheben. Wie sehr brauchen wir das Gespräch! Hier begegnen wir uns als Menschen am tiefsten. Und wie sehr brauchen wir das Gespräch des Herzens mit Gott, das Gebet. Hier werden wir heil. Die Bibel drückt die Wahrheit des Satzes von Martin Buber in einem Bild aus: »Wie sich im Wasser das Angesicht spiegelt, so ein Mensch im Herzen des andern« (Spr 27,19). Und weiter sagt sie: »Ein Messer wetzt das andre und ein Mann den andern« (Spr 27,17).

Delphine – die Beherrscher der Weltmeere

In Reader's Digest las ich einen Artikel mit der Überschrift: Delphine – die Beherrscher der Weltmeere. Das Thema zog mich an, hatte ich bisher doch immer den Haien diesen ehrenvollen Rang eingeräumt. Ich mußte mich eines besseren belehren lassen. Haie haben Respekt vor Delphinen. Delphine leben in Rudeln, sie sind keine Einzelgänger wie die futterneidischen Haie. Delphine verfügen über ein ausgebildetes Kommunikationssystem. Kein Mitglied des Rudels begibt sich außerhalb der Rufweite dieses Systems. Wird ein junger Delphin angegriffen, ist sofort das Rudel zur Stelle. Nun haben Delphine keine Waffen, keine reißenden, beißenden Zähne. Sie haben aber eine harte, ja sogar eisenharte Schnauze. So manchem Schiffbrüchigen ist sie schon zur Rettung geworden. Sollte ein Hai es wagen, einen Delphin anzugreifen, so veranlaßt das Schreckens- und Angstsignal des Bedrängten das Rudel zum sofortigen Handeln. Von allen Seiten stürzen sie zusammen und rammen dem Hai ihre harten Nasen in den Leib, so daß er blutend zu Boden sinkt. Weil sie in Gemeinschaft leben, sind sie stark.

Der Mensch braucht den Schutz der Gemeinschaft

Bekannt ist die Erzählung von dem Vater, dem der fortwährende Streit seiner Söhne zu Herzen ging. Alles Zureden war vergeblich. In seiner Sterbestunde bestellte er alle vier an sein Bett, gab jedem einen Stab mit der Aufforderung: Brecht ihn durch! Das war nur zu einfach getan. Danach band er vier neue Stäbe zusammen und ließ vom Ältesten bis zum Jüngsten alle versuchen, das Stabbündel durchzubrechen. Es gelang keinem. Der Vater prägte ihnen ein: Wenn ihr zusammenhaltet, seid ihr unüberwindbar. Allein seid ihr anfällig und verletzbar. Einigkeit macht stark! So ist der Mensch auf den Schutz der Gemeinschaft angewiesen. Physisch ist er manchem Tier unterlegen. Aber aufgrund seiner Intelligenz und Zusammenarbeit kann er die Welt beherrschen.

Dank für Zweisamkeit

Viel zu wenig bekannt ist das Lied auf die Zweisamkeit aus dem Predigerbuch, in dem der Dank zum Ausdruck kommt, daß wir in Gemeinschaft leben dürfen:

»So ist's ja besser zu zweien als allein
denn sie haben guten Lohn für ihre Mühe.
Fällt einer von ihnen, so hilft ihm sein Gesell auf.
Weh dem, der allein ist, wenn er fällt!
Dann ist kein anderer da, der ihm aufhilft.
Auch, wenn zwei beieinander liegen, wärmen sie sich;
wie kann ein einzelner warm werden?
Einer mag überwältigt werden, aber zwei können widerstehen,
und eine dreifache Schnur reißt nicht leicht entzwei.«

Prediger 4,9–12

Wir müssen wieder an der Gemeinschaft bauen, wir bedürfen ihrer. Wir dürfen an der gegenseitigen Gemeinschaft in der Ehe arbeiten, weil Gott uns Mut macht, weil er dabeisein will. Die »dreifach gewundene Schnur« ist ein bewußter Hinweis auf Gott, den einzig legitimen Dritten in einer Ehe. Es ist nicht zufällig, daß Jesus sein erstes Wunder auf einer Hochzeit getan hat (vgl. Joh 2). Er vermag das abgestandene Wasser unserer Gemeinschaftsunfähigkeit in den erwärmenden und erfreuenden Wein der Liebe zu verwandeln.

III. Gemeinschaft braucht Verbindlichkeit

»Ich will mich mit dir verloben für alle Ewigkeit.«
Hosea 2,21

Ist die Ehe noch zu retten?

Im Herbst 1986 veröffentlichte »report«, die Zeitschrift des Österreichischen Instituts für Jugendliche, eine Umfrage, die in der Bundesrepublik Deutschland in den Jahren 1967 und 1973 gemacht wurde. Interviewt worden waren Männer und Frauen zwischen 18 und 29 Jahren. Sie sollten zum Thema »Ehe ohne Trauschein« Stellung nehmen. Das folgende Ergebnis wurde festgehalten:

»Ich finde nichts dabei«   »Das geht zu weit«
1967 Männer: 48 % Frauen: 24 % 1967 Männer: 43 % Frauen: 65 %
1973 Männer: 87 % Frauen: 92 % 1973 Männer: 5 % Frauen: 2 %

Zweierlei läßt sich an dieser Statistik ablesen. In welch kurzer Zeit (nur sieben Jahre) sich das Eheverständnis geändert bzw. aufgelöst hat. Wie schnell die Frauen nachzogen und sich gar zu Vorreitern für ein unverbindliches Zusammenleben machten.

Ehe – »ganz unverbindlich«?

Gegenüber dem heute praktizierten unverbindlichen Zusammenleben mit einer »festen Freundin/Freund« (schon ein Widerspruch in sich selbst; denn ist sie fest, dann ist sie mehr als Freundin; ist sie Freundin, dann ist sie nicht fest) – und gegenüber der heutigen Gemeinschaftsform der »Offenen Ehe« mit Partnertausch und gegenseitigem Freigeben muß mit aller Deutlichkeit und Klarheit festgestellt werden, daß ihr ein wesentliches Gemeinschaftselement fehlt: Beständigkeit durch Verbindlichkeit. Es würde sich lohnen, die psychische Labilität und neurotischen Ängste, die in unserer Generation so vehement zugenommen haben, dahingehend zu prüfen, inwieweit sie mit der fehlenden Verbindlichkeit und der daraus datierenden Unsicherheit und Ungeborgenheit in einem ursächlichen Zusammenhang stehen. Die Ehe als ursprüngliche Gemeinschaftsform ist eben kein Konsumgut, das ich einmal »ganz unverbindlich« wie ein Kleidungsstück oder einen Haushaltsgegenstand, vielleicht auch wie ein Buch, ausprobieren und anlesen kann. Dazu sollte uns die Ehe zu schade und der Mensch zu wertvoll sein!

Ehrfurcht vor dem Menschen in Asien erlebt

Wir haben als Familie 20 Jahre in einer Kultur gelebt, in welcher der Person ein hoher Stellenwert beigemessen wird und man lieber eine Sache leiden läßt, als die Person zu verletzen. Das ist sicher auch nicht unproblematisch. Aber die brutale Härte, mit der wir Menschen uns im Westen begegnen und einander die Wahrheit um die Ohren schlagen, ohne das geringste Gefühl der Ehrfurcht voreinander als Person und Mensch zu bekunden, hat bei uns manch innere Kämpfe, Abscheu und Tränen hervorgerufen. Schon in der Schule wird es unseren Kindern eingebleut: Sich durchsetzen um jeden Preis, eine Meinung festhalten und behaupten, auch wenn sie falsch ist – Hauptsache, man behält recht! Der Nächste und seine Empfindungen sind nicht gefragt, man geht über Leichen. Ich fürchte, ich überzeichne nicht: keine Spur von Achtung und Ehrfurcht voreinander; schon gar keine Nächstenliebe. Ja, man scheut sich nicht zu formulieren: Nächstenliebe ist Dummheit. Im alten China herrschte die Sitte, daß sich Schüler und Lehrer täglich bei Schulbeginn tief voreinander verneigten. So bekundeten sie gegenseitige Ehrfurcht und Achtung.

Der Bund als Band der Gemeinschaft

Jede Gemeinschaftsform bedarf eines gewissen Grades von Verbindlichkeit. Das gilt insbesondere für die Ehe; denn Offenheit, Liebe und Vertrauen können sich ohne ein verbindliches Miteinander nicht entfalten. Wenn ich nicht weiß, daß mein Partner in guten und bösen Tagen zu mir hält, dann fällt es mir schwer, mich ihm zu öffnen und an meinen Schwächen Anteil zu geben. Ich werde mich hüten, mit meiner Vergangenheit und Problemen ans Licht zu kommen, immer in Furcht, er könnte mich verlassen. Ohne Offenheit und Aufrichtigkeit ist keine Gemeinschaft möglich. Gemeinschaft lebt davon, daß wir »im Licht miteinander wandeln«, wie die Bibel sagt (1. Joh 1,7). Auch kann ich ohne Verbindlichkeit keine Geborgenheit vermitteln. Es ist einfach kein tragender Grund da.

Gottesbund und Ehebund

Die verbindliche Form der ehelichen Gemeinschaft wird in der Bibel durch den Gottesbund begründet. Der gemeinschaftschaffende und -suchende Gott ließ das Miteinander von Gott und Mensch nicht unverbindlich in der Luft hängen. Er schuf gültige Gemeinschaftsformen. Er stiftete einen verbindlichen Bund. Gott will Verbindlichkeit. Als Gott um Israel warb, da – so heißt es in Hesekiel 16,8 wörtlich: »breitete ich meinen Mantel über dich und bedeckte deine Blöße. Und ich schwor dir's und *schloß mit dir einen Bund*, daß du solltest mein sein.«

Gottes Bund ist heilig und vollkommen. Beide Eigenschaftsworte nehmen zunächst keine ethische Wertung vor, sondern zielen auf die Ausschließlichkeit der Hingabe. Weil Gott sich uns ganz und gar zu eigen gibt, sollen auch wir ihm ungeteilten Herzens (= vollkommen) anhangen und ihn mit ganzem Herzen und allen Kräften lieben (vgl. Mk 12,30; 1. Kön 2,4).

Gottes Bund ist dauernd und ewig. Darauf weisen die Bundeszeichen hin. So das Bundeszeichen des Regenbogens: »Meinen Bogen habe ich in die Wolken gesetzt; der soll das Zeichen sein des Bundes zwischen mir und der Erde *auf ewig*« (1. Mose 9,12–13).

Das Bundeszeichen der Beschneidung war für immer gültig. »So soll mein Bund an eurem Fleische zu einem *ewigen* Bund werden« (vgl. 1. Mose 17,9–13). Das Halten des Sabbat sollte »ein *ewiges* Zeichen« zwischen Gott und Israel sein (2. Mose 31,17), um ein für allemal deutlich zu machen, daß der Mensch nicht für die Arbeit, sondern für Gott geschaffen ist und die Gottesgemeinschaft braucht. Dann lesen wir von den Bundestafeln, der Bundeslade, dem Bundesbuch: alles Zeichen dauernder und beständiger Art. Wenn Jesus den durch seinen Tod ermöglichten Neuen Bund der Vergebung mit den Worten eröffnet: »Dieser Kelch ist der neue Bund in meinem Blut« (Lk 22,20), dann gewährt er dem Glaubenden mit dem Genuß von Brot und Wein gültige Zeichen seiner beständigen Liebe, die sich in der Lebenshingabe bewährt hat.

Der Ehebund soll ein Abbild des Gottesbundes sein; ebenso dauerhaft, ausschließlich und fest. Gott hat es ausgesprochen, daß er Zeuge sein will, wenn zwischen Mann und Frau der Ehebund geschlossen wird: »Der Herr war Zeuge zwischen dir und dem Weib deiner Jugend, dem du treulos geworden bist, obwohl sie doch deine Gefährtin und die Frau ist, mit der du *einen Bund geschlossen* hast. Nicht einer hat das getan, in dem noch ein Rest von Geist war. Brecht nicht die Treue!« (Mal 2,14–16).

So ist auch die Sexualgemeinschaft zwischen Mann und Frau ein Bundeszeichen. »Es werden die zwei ein Fleisch«, ein neuer Organismus sein, sagt die Schrift (Mt 19,5). Hier entsteht etwas Neues. Trennung würde das keimende Leben dieser neuen Gemeinschaftsform töten. Deswegen macht die Bibel die Ehe untrennbar (Mt 19,6). Mann und Frau sind aneinander gebunden, »solange sie leben« (Röm 7,2–3). Sexualgemeinschaft gehört in die Ehe, weil sie ihr Zeichen ist, ihr Bundeszeichen, das im Kind sichtbar wird.

Liebe ist mehr als Sex

In einer vom Sexkonsum gezeichneten Gesellschaft mutet der obige Satz wie ein Fremdwort an. Dennoch muß wieder auf die Füße gestellt werden, was die sexuelle Revolution auf den Kopf gestellt hat. Sex bedarf eines Inhalts. Sex für sich allein ist eine leere Form.

Sex soll und darf Ausdrucksform der Liebe sein. Losgelöst von Liebe ist Sex nach kurzer Zeit langweilig und abstoßend, weil nichtssagend. Leibliche Gemeinschaft setzt eine innere, eine seelische Gemeinschaft voraus. Sex will gefüllt sein, sonst läßt er unerfüllt. Mit einem Satz: Sexualgemeinschaft bedarf der Reife und der tragenden seelischen Gemeinschaftsfähigkeit zweier Partner.

Treue ist mehr als Liebe

Ebenso ist Verliebtsein nicht das letzte. Liebe macht uns nicht blind, überkommt uns nicht mit unwiderstehlicher Gewalt wie eine Schicksalsmacht, gegenüber welcher wir ohnmächtig wären. So ist es allerdings in mancher, auch christlicher Dichtung zu lesen. Liebe ist wohl machtvoll und verführerisch in ihrer Anziehungskraft. Aber Liebe ist beherrschbar. Wir sind ihr nicht wehrlos preisgegeben. Das Gefühl der Liebe ist durch den Geist der Selbstbeherrschung und göttlichen Liebe kontrollierbar und lenkbar (Gal 5,23). Wir sind keine wehrlosen Opfer des Amorschützen. Auch hier gilt es, »durch Jesus Christus im Leben zu herrschen« (Röm 5,17).

Weiter muß gesagt werden, daß menschliche Liebe schwankend ist, wenn sie ans Gefühl gebunden ist. Gefühle kommen und gehen. Man darf ihnen das nicht vorwerfen. Gefühle steigen und fallen. So sind sie einmal. J. W. von Goethe hat dies in die bekannten Verse gefaßt:

> »Freudvoll und leidvoll, gedankenvoll sein,
> Hangen und Bangen in schwebender Pein,
> himmelhoch jauchzend, zu Tode betrübt;
> glücklich allein ist die Seele, die liebt.«

Wenn ich nun meine Liebe ans Gefühl binde, steigt und fällt sie und ist großen Kurven der Veränderung ausgesetzt. Das ist für Verliebte eine ungemein schmerzliche Erkenntnis.

Persönlich erlitten

Meine Frau und ich waren sehr glücklich miteinander verlobt. Wer meine Frau kennt, kann sich vorstellen, daß das nicht schwer war. Gott schenkte uns auch die Bestätigung, daß wir füreinander bestimmt waren. Aber nach zwei Jahren – wir studierten gemeinsam in Tübingen – geschah etwas, was ich nie für möglich gehalten hatte: der Liebespegel sank. Die Begeisterung füreinander kühlte ab, ja, erreichte sogar den Gefrierpunkt. Wir empfanden nichts mehr füreinander und hätten uns trennen können. Eine Woche gingen wir uns aus dem Weg. Es war eine schreckliche Zeit. War alles nur Einbildung gewesen? Wo in aller Welt war die Liebe geblieben? Hatten wir uns etwas vorgemacht? – Nagende, zehrende Fragen und Zweifel! Bis wir uns auf unser Fundament besannen! Uns wurde bewußt, daß unser Versprechen, unser Ja zueinander vor Gott geschehen war und daß Gott es so wollte – auch wenn wir nichts fühlten. An der Zusage Gottes bekamen wir Mut zur Treue, zum Durchhalten. Und siehe da: die Liebe und Zuneigung erwachte wieder. Die Liebe ist wie eine Weinranke. Sie bedarf eines Stabes, an dem sie sich aufrichten kann, sonst welkt sie auf dem Boden dahin. Dieser Stab ist die Treue. Je voller die Trauben sind, desto mehr möchten sie abgestützt sein, abgestützt mit dem kostbaren, blutvollen Lebenssaft durch die Treue. Von der Schönheit und Kraft der Treue schreibt Simon Dach:

> »Würdest du gleich einmal
> von mir getrennt,
> lebtest da,
> wo man die Sonne kaum kennt;
> Ich will dir folgen
> durch Wälder, durch Meer,
> durch Eis, durch Eisen,
> durch feindliches Heer!«

Treue und trauen entstammen derselben Sprachwurzel, wie auch glauben und geloben. Damit werden wir auf den geistlichen Hintergrund der Treue aufmerksam gemacht. Mut zum Geloben, Mut zur Treue hat, wer glaubt, daß Gott zusammengefügt und einander zugeführt hat. Dieser Glaube macht die Ehe unscheidbar. Sie ist mit Gottes Wohlgefallen geschmückt.

Martin Luthers Ehe

Erquickend ist, was der Reformator über seine Ehe zu sagen hat. Es erhärtet so recht das zuvor Gesagte: »Ich habe meine Käthe lieb, ja, ich habe sie lieber denn mich selber, das ist gewißlich wahr. Nicht um Frankreich, noch um Venedig will ich meine Käthe hergeben. Sie ist mir von Gott gegeben, wie auch ich ihr. Sie ist ein treues Weib, und ihre Tugenden sind viel größer als ihre Mängel.«

»Es ist ein großes Ding um das Bündnis und die Gemeinschaft zwischen Mann und Weib. Käthe, du hast einen frommen Mann, der dich lieb hat. Du bist eine Kaiserin. Halte dich also gegen deinen Mann, daß er fröhlich wird, wenn er auf dem Heimweg des Hauses Spitze sieht!«

»Durch Gottes Gnade ist mir eine über die Maßen glückliche Ehe zuteil geworden. Ich habe ein teures Weib nach dem Spruch Salomos: ›Ihres Mannes Herz darf sich auf sie verlassen‹. Sie verdirbt mir's nicht. Ach, lieber Gott, die Ehe ist ein Gottesgeschenk. Wenn's aber übel gerät, so ist's die Hölle.«

In seiner Auslegung zu Matthäus 5,27–32, der Passage der Bergpredigt, in welcher Jesus die Frau vor dem begehrlichen Blick des Mannes in Schutz nimmt, führt Luther aus:

»Das wäre die rechte Kunst, wenn jeder sein Gemahl recht ansehen lernte nach Gottes Wort, das der teuerste Schatz und schönste Schmuck ist, den man an Mann oder Weib finden kann, und worin man sich spiegeln soll. Dann würde er sein Gemahl recht lieb und wert haben als ein Gottesgeschenk und Kleinod, und wenn er eine andere sähe, auch wenn sie viel schöner wäre als die seine, denken: Ist sie auch schön, so ist sie doch nicht allzu schön! Und wenn sie die Allerschönste auf Erden wäre, so habe ich doch daheim einen viel schöneren Schmuck an meinem Gemahl, den mir Gott gegeben und mit seinem Wort vor allen anderen geziert hat, wenn sie auch nicht schön von Leib oder sonst gebrechlich wäre. Denn wenn ich alle Frauen in der Welt ansehe, so finde ich unter ihnen keine, von denen ich rühmen könnte, wie ich von meiner mit fröhlichem Gewissen sagen kann: Diese hat mir Gott selbst geschenkt und in die Arme gegeben, und ich weiß, daß es ihm samt allen Engeln herzlich wohlgefällt, wenn ich mich mit Liebe und Treue zu ihr halte. Warum wollte ich denn solch köstliches, göttliches Geschenk verachten und mich an eine andere hängen, in der ich solchen Schatz und Schmuck nicht finde?«

Ohne Opferbereitschaft keine Gemeinschaft!

Wir sagten, der Mensch braucht Gemeinschaft. Wir sahen ein, ohne Verbindlichkeit kann keine Gemeinschaft leben. Wir müssen weiter sagen, ohne Dienst- und Opferbereitschaft ist keine Gemeinschaft möglich. Manfred Hausmann sagt dazu: »Liebe und Opfer sind so eng miteinander verwoben wie Fäden in einem Kleiderstoff. Durch Opfer wächst und reift die Liebe. Kindliche Liebe ist ungeduldig. Sie will sofortige Erfüllung. Reife Liebe ist fähig zu warten, zu teilen und zu verstehen. Sie sagt ›unser‹ und ›wir‹, nicht ›mein‹ und ›ich‹. Es fällt uns nicht leicht, Rechte, Eigentum und Zeit zu opfern. Liebe hat ihren Preis, aber ihr Lohn ist unermeßlich.«

Seit Anbeginn hat sich der Mensch in die Wahl zwischen ichbezogener Selbstverwirklichung und Selbsthingabe, zwischen Anspruchsdenken und Zuspruchsdenken, zwischen dem Baum der Erkenntnis und dem Baum des Lebens hineingestellt gesehen (vgl. 1. Mose 3). Es ist kein neues Problem. Neu ist nur die globale Ausweitung der negativen Grundhaltung, die die Liebe in der Welt erkalten läßt (vgl. Mt 24,12). Jesus hat warnend darauf hingewiesen: »Wer sein Leben erhalten will, der wird's verlieren« (Mt 16,25). Die Konzentration auf die eigenen Bedürfnisse und das Einklagen der Rechte macht hart und tötet nicht nur den Nächsten, den Überforderten, sondern auch den Fordernden. Ein junger Ehemann bekannte von sich: »Als wir heirateten, habe ich gedacht: Ich habe Rechte und meine Frau Pflichten!« Wir schmunzeln – aber leben wir unbewußt nicht auch so?

Wer gibt, empfängt

Es ist ein Geheimnis: auch im seelischen Bereich gibt es keinen luftleeren Raum. Gerhard Bohne, Professor für Erziehungswissenschaften, hat es uns in dem Satz zu verdeutlichen versucht: »Ein Herz, das sich hingibt, wird gefüllt.« Die Bibel sagt dasselbe mit anderen Worten: »Geben ist seliger als Nehmen« (Apg 20,35). Nun fügt Jesus bei der Aufforderung zur Selbsthingabe ein wichtiges Wort hinzu: um meinetwillen. »Wer sein Leben verliert um meinetwillen, der wird's finden« (Mt 16,25). Hier leuchtet die geistliche Dimension unserer Wirklichkeit auf. Müssen wir daraus nicht schließen: Nicht Selbsthingabe an sich, sondern Selbsthingabe um des Glaubens, um Jesu willen hat Verheißung, nicht umsonst zu sein? Gott lohnt sie, wie er Jesu Lebenshingabe mit der Erhöhung am Ostermorgen beantwortet hat. Was in der Welt als Dummheit abgestempelt wird, ist in Wahrheit der Weg zum Leben: ein schwerer Weg, eine via dolorosa, ein Weg ins Grab – aber dadurch in die Auferstehung!

Wer vergibt, kann leben

Wer zu geben gelernt hat, kann auch vergeben. Was zur Zeit des Alten Bundes als Zusage gegeben war, daß das fleischerne Herz das steinerne ersetzen sollte (Hes 36,26), ist mit Jesu Kommen erfüllt: die Herzenshärtigkeit ist heilbar (Mt 19,8)! Herzsklerose ist eine heimtückische Krankheit und hat schon manchen durch einen Herzinfarkt das Leben gekostet. Ebenso bedroht die Herzenshärtigkeit unser geistliches Leben, wo wir der Unversöhnlichkeit und Resignation Platz gemacht haben und hart geworden sind. Wer dem Partner vergibt, weil auch Gott ihm selbst vergeben hat, spürt, daß sich die geistliche Verkrampfung löst. Er kann wieder frei durchatmen. Er kann leben. Deswegen: »Halt die Hoffnung fest!« (vgl. Röm 15,4).

Ehe – eine Arbeitsgemeinschaft

Einem ausschließlich romantischen Eheverständis entgegenwirkend nennt die Bibel die Ehe eine Jochgemeinschaft. Matthäus 19,6 müßte wörtlich übersetzt werden: »Was Gott zusammen unters Joch gespannt hat, soll der Mensch nicht trennen.« Ehe und Familie bringen Arbeit mit sich. Sie will gemeinsam gemeistert werden. Es will gelernt sein, gemeinsam unter dem Joch zu schreiten und gemeinsam nach vorn zu blicken, wie St. Exupéry sagt: »Liebe besteht nicht darin, in den anderen hineinzustarren, sondern darin, gemeinsam nach vorn zu blicken.« Wie wichtig ist es da, das gleiche Ziel zu haben und vom gleichen Geist und Glauben beseelt zu sein (vgl. 2. Kor 6,14). Die Aufgabe ist zu schwer. Wir werden eigentlich erst fähig, in der ehelichen Jochgemeinschaft fröhlich zu stehen, wenn wir zuvor in der Jochgemeinschaft mit Jesus Demut und Sanftmut gelernt und zur Ruhe gefunden haben (vgl. Mt 11,28–30). Wir werden dann unseren Partner nicht mehr überfordern. Ja, wir werden ihm an unserer Ruhe Anteil geben können.

So segnet Gott das lebenslange Zusammensein von Mann und Frau. Krisen und Konflikte gehören zur Ehe. Sie ist ein menschliches Werk und ein menschlicher Bund. Wo aber Mann und Frau sich einbinden und festmachen lassen in dem Gottesbund, muß endlich alles zum Besten dienen, auch die schweren Zeiten der Ehe. Es sind Wachstumszeiten.

Ich schließe mit dem Zuspruch von Dauer und Beständigkeit von H. S. Waldeck:

> »Du bleibst in mir bewahrt. Du Fremdes bist mein Eigen
> und wirst nicht altern je an Zeit und Leid.
> Dich will ich hüten, dich verschweigen,
> dich trag ich, wie du bist, in meine Ewigkeit.«

IV. Die Gemeinschaftsunfähigkeit des Menschen
– und ihre Überwindung–

»Verschmachtet und zerstreut wie Schafe«
Matthäus 9,36

Das Dilemma

Der Mensch ist zur Gemeinschaft erschaffen, und gleichzeitig leidet er an ihr. Er kommt mit seinen Mitmenschen nicht zurecht. Schon bei den Kindern fängt es an. Geschwister können einander das Leben sehr schwer machen. Es fällt ihnen nicht leicht, einander gelten zu lassen. Und die Eheleute, die Nachbarn, die Arbeitskollegen? Wir tun uns schwer an der Gemeinschaft, und dennoch brauchen wir sie. Das ist unser Dilemma.

Warum befürchte ich eigentlich, daß der andere mich einengt, mir meinen Freiraum nimmt, mich vielleicht beneidet? Wie finden wir zu einem schöpferischen Miteinander in der Gemeinschaft, daß wir einander entfalten und nicht hemmen?

Im Auge des Orkans herrschte Ruhe

In der Eheberatung kommt es des öfteren vor, daß der eine Partner verständnislos auf die Darlegungen des andern reagiert und ausruft: »Ich weiß gar nicht, wovon du sprichst. Bei uns ist doch alles in Ordnung!« Es ist bekannt, daß im Auge des Orkans völlige Ruhe herrscht, während rund herum die Hölle los sein kann. Ein ichbezogener Mensch hat es schwer, die Erregung und Bewegung seines Nächsten zu verstehen. Er denkt und empfindet von sich aus, nicht aus der Sicht des andern. So denken wir von Natur aus alle. Es kommt hinzu, daß wir geneigt sind, die Schuld vor allem beim Partner zu suchen. Jesus sprach schon von dieser erschrekkenden Gewohnheit in dem Bild vom Splitter und Balken (Mt 7,3). Beide sind aus demselben Material. Wir entdecken unsere Schwächen vergrößert im Partner und klagen ihn an. »Richtet nicht!« sagt Jesus (Mt 7,1), sondern ändert euch zuerst. Entfernt euren Balken! Unsere Änderung ermöglicht die Veränderung des andern.

Johannes Tauler zum Thema: Lebenskrisen

Zum Thema Lebenskrisen möchte ich einige Sätze von Johannes Tauler zitieren, einem der führenden Christen des Mittelalters, in dessen Schriften Martin Luther wiederholt studiert hat (bei A. Grün »Lebensmitte«):

»Ein Kennzeichen der falschen Freunde Gottes ist es, daß sie andere Leute verurteilen, sich selbst aber nicht. Sie bemühen sich, ganze Klöster zu verändern, und bekommen ihre Veränderungsbedürftigkeit gar nicht in den Blick.« Tauler fragt: »Woher kommt es, Kinder, woher meint ihr, kommt es, daß der Mensch auf keine Weise in seinen Grund (gemeint ist der Seelengrund, der innerste Wesensgrund des Menschen) kommen kann? Das ist Schuld daran, da ist manch greuliche, dicke Haut darüber gezogen, so dick wie Ochsenstirnen, und die haben ihm seine Innerlichkeit so verdeckt, daß weder Gott noch er selbst hinein kann. Es ist verwachsen. Wisset, etliche Menschen mögen 30 oder 40 Häute haben, dikke, grobe, schwarze Häute, wie Bärenhäute.«

Um diese Häute aufzubrechen, um uns die Illusion über uns selbst zu nehmen, erlaubt Gott Lebenskrisen, die uns an den Rand des Abgrunds bringen können. Johannes Tauler geht sogar noch einen Schritt weiter. Weil er weiß, daß Gott es dem Aufrichtigen gelingen läßt und selbst auf der Talsohle der Selbsterkenntnis auf uns wartet, kann er die modernen, mutigen Sätze wagen:

»Sinke in den Grund, in dein Nichts, und laß den Turm (des Domes der Selbstgefälligkeit und Selbstgerechtigkeit) mit allen Stockwerken über dich fallen! Laß alle Teufel, die in der Hölle sind, über dich kommen! Himmel und Erde mit allen Kreaturen – es wird dir alles wunderbar dienen. Sinke du nur, so wird dir alles Allerbeste zuteil.«

Angst vor dem Abgrund

Hier kommen wir zum eigentlichen Grund unserer Gemeinschaftsunfähigkeit. Martin Buber hat davon gesprochen, daß, wenn zwei Menschen einander begegnen, Abgrund dem Abgrund ruft. Er deutet damit auf die Abgründigkeit des menschlichen Herzens hin. Ich gerate bei der Begegnung in Gefahr, in mich selbst zu versinken oder in mein Gegenüber. Ich kann versinken und zerschellen. Dem Beobachter der Geistesgeschichte fällt auf, daß geisteswissenschaftliche und naturwissenschaftliche Erkenntnisse häufig parallel verlaufen. Wenn man Physiker fragt: Was ist Materie? sprechen sie von Energie und leerem Raum. Uns wurde als Verständnishilfe zur Atombeschreibung in der Schule beigebracht: Wenn ein Atomkern so weit vergrößert wird, daß er die Größe eines Apfels erreicht, dann rast das Elektron mit unvorstellbarer Geschwindigkeit in der Größe eines Stecknadelkopfes in einem Radius von knapp einem Kilometer um den Apfel herum. Ein Apfel und ein Stecknadelkopf in einem leeren Raum von zwei Kilometern Durchmessern! Dieser Abgründigkeit und Leere begegnen wir auch im eigenen Herzen.

Tiefer als meine Tiefe

Manch junger Mensch fragt sich ehrlichen Herzens: Kann ich mich dem andern in meiner Abgründigkeit zumuten? Wer füllt die Tiefe aus, die mich unsicher und haltlos macht? Wer hat Mut, sich meinem Vakuum zu stellen? Und wenn es nur ein Vakuum wäre! Wer hilft mit gegen die Flut der Negation aus diesem Abgrund? Wie verletzend und destruktiv kann ich empfinden! Zu welch grausamen, scheußlichen Gedanken bin ich fähig! Was für ein Abgrund tut sich auf, wenn ich mir selbst standhalte! –

An der Stirnseite eines Kirchsaales fand ich das Wort: »Die Arme ewiger Liebe reichen tiefer als die tiefste Tiefe.« Gott macht vor dem Abgrund unseres Herzens nicht halt. Er, der Schöpfer des Universums, den die Himmel und aller Himmel Himmel nicht fassen können, schreckt vor dem Abgrund meiner Seele nicht zurück. Auf die Frage: Wer kann des Menschen Herz, dieses trotzige und verzagte Ding ergründen? antwortete Gott: »Ich, der Herr, kann das Herz ergründen (Jer 17,10). Gott vermag in die tiefsten Tiefen meines Wesens hinabzusteigen. Er nimmt mich mit, fängt mich auf, wo ich stürze, er lotet mich aus, und die Strahlen seiner Liebe erfassen meine dunkelste Dunkelheit. Es kann für mich zwar zu einer Höllenfahrt der Selbsterkenntnis werden, wie es Luther beschrieben hat anhand des Lobliedes von Hanna: »Der Herr tötet und macht lebendig. Er führt in die Hölle und wieder herauf« (1. Sam 2,6). Es kann mich gar meine Gesundheit und meinen Besitz kosten, bis ich zu der Erkenntnis durchgedrungen bin: »Ich weiß, daß in mir nichts Gutes wohnt« (Röm 7,18) – so wie es Paulus von sich sagen mußte. Eines aber ist gewiß: Wer es wagt, sich dem Röntgenbild Gottes zu stellen, wer sich im Spiegel und mit den Augen Gottes sieht, im göttlichen Gegenüber, der wird an dem Du Gottes genesen. Wer aus der Wahrheit ist, versteht Jesus und seine Hilfe (vgl. Joh 18,37). Und wer sich ausloten läßt, wird frei vom Schwindelgefühl vor dem eigenen Abgrund, von der tiefen Traurigkeit und von der Furcht vor der Abgründigkeit des Nächsten.

Der tötende Strudel der Ichbezogenheit

Auf dem Grund seines Abgrunds begegnet der Mensch seiner Ichbezogenheit. Ichbezogenheit ist der Erzfeind und Tod aller Gemeinschaft. Wenn uns hier nicht geholfen wird, bleiben wir bei aller Selbsterkenntnis gemeinschaftsunfähig. Wohl ist der Mensch zum Personsein erschaffen. Er soll ein Ich, eine Person sein, wie Gott ein Ich, eine Person ist. Es war eine Verzeichnung des Christentums, als dieser Adel des Menschen nicht mehr gesehen wurde. Aber eben: Der Mensch sollte Person sein, wie Gott Person ist, und das heißt: nicht ichhaft, nicht seinem Ich verhaftet, sondern frei und schenkend.

Die Sünde hat erreicht, daß der Mensch zu einem falschen Selbstbezug gekommen ist, zu einem ichhaften, krankhaften Selbstbezug, der ihn selbst und den Nächsten knechtet. Es ist wie bei einer Strudelbewegung, die nach innen dreht und ihn hinabzieht. Augustin, der Kirchenvater, meinte eben diese Auswirkung der Sünde auf den Menschen, als er von dem in sich selbst verkrümmten menschlichen Herzen sprach, von dem »cor in se incurvatum«.

Ichhaftigkeit äußert sich in Aggressionen, durch die ich andere angreife, und in Depressionen, durch die ich mich selbst angreife. Es beginnt damit, daß ich mit mir unzufrieden bin, mir etwas nicht verzeihen kann und anfange, mich selbst anzuklagen. Zerfleischende Selbstvorwürfe zeugen von einem gestörten Selbstbezug. Gott klagt nicht an. Es heißt von dem Heiligen Geist, daß er mich überführt (Joh 16,8). Das ist etwas ganz anderes. Der Geist Gottes überführt uns, indem er uns zurückführt an den Ort, wo wir ohne Jesus gehandelt »und nicht an ihn geglaubt haben« (Joh 16,9) und indem er uns hinausführt aus der Sackgasse zum Kreuz, wo wir Vergebung empfangen und neu anfangen können. Wir haben einen großen Gott! Er vermag aus unserem Mist noch Dünger zu machen. Es ist wichtig zu erkennen, daß Aggressionen und Depressionen dieselbe Wurzel haben, die Wurzel der Ichhaftigkeit, des gestörten, krankhaften Ichbezuges. Es ist eine Erkrankung der Personmitte, des Zellkerns sozusagen.

Befreiung von der Todesspirale

Wie hat Gott die Ichhaftigkeit des Menschen, diese Krankheit zum Tode überwunden? Ich möchte es an vier Schaubildern verdeutlichen.

1. Wer bin ich?

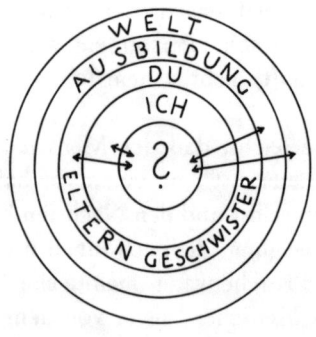

Jeder Mensch wird mit der Frage geboren: Wer bin ich, und was ist um mich herum? Er wird gleichsam durchdeklinieren müssen: ich, du, er, sie, es. Er wird lernen müssen, zu sich selbst, zum Nächsten und zur Umwelt in ein rechtes Verhältnis zu kommen und sich auszubilden, um die Welt zu verstehen und in ihr leben zu können. Die Frage: Wer bin ich? spitzt sich später in den weiteren Fragen zu: Woher komme ich? Wozu bin ich da? Wohin gehe ich? Wir nennen sie Sinnfragen. Diese letzten Fragen kann eigentlich nur Gott beantworten. Sie bringen uns sehr schnell an unsere Grenzen. Gott hat sie in der Heiligen Schrift beantwortet. Wir sollten diese Informationen uns und unseren Kindern nicht vorenthalten. Freilich gehört einige Mühe dazu, sie aufzuschlüsseln. Doch jedem Christusgläubigen ist durch den Heiligen Geist der Schlüssel in die Hand gegeben. Der Mensch benötigt Antwort auf die Sinnfragen seines Lebens. Er wird ohne sie Fehlentscheidungen treffen und Fehlrichtungen einschlagen. Es ist ein tragisch-fehlsames Bekenntnis, wenn H. V. Kleist sagt: »Wir brauchen ein ganzes Leben, um zu wissen, wie wir leben sollten.« Kleist ist an der Orientierungslosigkeit zerbrochen.

2. Der egozentrische Mensch

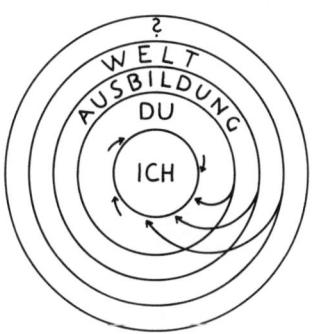

Ohne daß viel geschehen muß, findet sich früher oder später jeder Mensch in der Position, daß er sich selbst die Antwort gegeben und sich zum Zentrum seines Lebens gemacht hat. Dieser Innenraum ist aber zu weit und zu tief, als daß ich ihn ausfüllen könnte. Es entsteht eine Sogentwicklung. Das Ich muß gefüllt werden. Die Welt bietet sich an. Ideologien bieten sich an. »Du bist nichts, dein Volk ist alles«, war z. B. solch eine Füllung des innersten Kreises. Oder man geht in der Arbeit auf (»Nur Arbeit war sein Leben«), man begeistert sich an der Schöpfung, am Bergsteigen, an der Technik, an Autos und Motorrädern – oder an Idolen, Filmstars und Rockern. Auch ein geliebter Mensch kann in diese Überforderung hineingezogen werden, er soll mich ausfüllen und stillen. Wir merken: Hier stimmt etwas nicht. Augustin hat recht, wenn er sagt: »Unser Herz ist unruhig, bis daß es Ruhe findet in dir, o Gott.« Das Herz des Menschen ist zu weit, ist von seinem Schöpfer auf Unendlichkeit angelegt, so daß es niemals von der Schöpfung oder einem Geschöpf, sondern nur vom Schöpfer selbst ausgefüllt werden kann. Wir überfordern uns und unsere Mitmenschen, wenn wir von ihnen verlangen, was nur Gott geben kann. Ja, wir begehen die Sünde gegen das erste Gebot, indem wir dem Geschöpf mehr Ehre und Erwartungen entgegenbringen als dem Schöpfer (Röm 1,25)! Luther hat diese Ursünde mit dem Satz erhellt: »Woran du dein Herz hängest, das ist dein Gott.« Daß dieser egozentrische, ansaugende und Ansprüche stellende Mensch nicht gemeinschaftsfähig ist, braucht nicht mehr besonders betont zu werden. Wie könnten wir aber von dem Sog in den Abgrund, wie können wir von dem falschen Dreh befreit werden?

3. Der christozentrische Mensch

Im 6. Kapitel des Römerbriefes eröffnet Paulus einen Aspekt des Kreuzes Jesu, der allzu lange in der Verkündigung der Kirche ungesagt und unbetont geblieben ist. Gemeinhin verstehen wir das Kreuz Jesu als Grundlage der Vergebung. Das ist unbedingt festzuhalten, stellt aber nur die eine Seite des Kreuzesgeschehens dar. Es hilft mir gegen die Folgen, noch nicht gegen die Wurzel meiner Sünde, die Ichhaftigkeit. Weithin wurde der christliche Glaube wegen dieser mangelnden Seite als unzulänglich und irrelevant empfunden. Er hat seine Anziehungskraft eingebüßt. Wenn Paulus aber davon spricht »wir sind in Christi Tod getauft« (Röm 6,3) durch unsere Taufe, oder »unser alter Mensch ist mit Christus gekreuzigt« (Röm 6,6), dann will er eben dieses sagen: Ichhaftigkeit ist heilbar, ist erlösungsfähig. Als Jesus starb, schrieb Gott mit seinem Tod unseren alten, in sich verdrehten Menschen ab. Alles, was ich zu tun habe, ist: ihn abgeschrieben sein zu lassen, ihn täglich in den Tod zu geben, ihn täglich zu »ersäufen«, wie Luther sagt. Er darf mich nicht mehr beherrschen und unglücklich machen, mich und die Meinen. Mit Jesu Tod ist er tot und soll tot bleiben. Davon spricht die Taufe. Dies ist aber nicht alles. In Galater 2,20 fährt Paulus nach dem Satz »Ich bin mit Christus gekreuzigt« (2,19) fort: »Ich lebe, doch nun nicht ich, sondern Christus lebt in mir.«

Auf dem dritten Schaubild wird es sehr deutlich: das in den Tod, ans Kreuz gegebene ichhafte und krankhafte Ich macht Raum für Jesus Christus als Zentrum meines Lebens. Aus diesem gekreuzigten Ich ist ein J (esus) Ch (ristus) geworden. Damit habe ich den rechten Lebensinhalt bekommen, der mich ausfüllen kann, und eine neue Lebensmitte, um die ich kreisen kann. Je mehr ich um Jesus kreise, desto offener werde ich für die Welt, für meinen Nächsten, für meine Aufgaben. Jesus gibt meinem Leben einen neuen Dreh, heraus aus dem Sog und dem Todesstrudel, hinein in die Welt; einen Dreh von innen nach außen und nicht mehr umgekehrt. Er hat sich durch meinen falschen Dreh in den Todesstrudel hinabziehen lassen und hat aus dem Tode Leben gebracht. Keiner kann tiefer hinabgezogen werden als er, der gerufen hat: »Mein Gott, mein Gott, warum hast du mich verlassen!« (Mt 27,46). *Jesus hat – mit Luther – »die unterste Hefe ausgetrunken«.* So tief und wirkungsvoll ist das Geheimnis des Kreuzes Jesu. Es macht mich mir selbst zum Feind, denn ich hasse meinen alten Menschen. Es gibt mir aber gleichzeitig eine neue Mitte: Christus in mir »die Hoffnung der Herrlichkeit« (Kol 1,27), und wir folgern mit Augustin: »Nur wo Gott herrscht, ist der Mensch ganz frei.« So werden wir Person nach dem Willen und Bilde Gottes und fähig zur Gemeinschaft.

4. Der gemeinschafts-befähigte Mensch

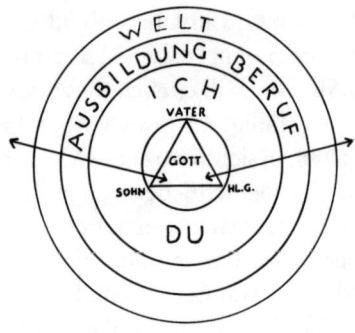

Jesus ist zur Mitte geworden. Der egozentrische Mensch ist gemeinschaftsunfähig und scheut die Verbindlichkeit. Der christozentrische Mensch setzt sich, seine Gefühle, sein Denken, sein Wollen nicht mehr zum Maßstab. Jesus und sein Wort sind Maßstab für ihn und seine Mitmenschen. So wird er offen für die Gemeinschaft. Jesus wird ein Weiteres tun. In Johannes 14,23 lesen wir: »Wer mich liebt, der wird mein Wort halten; und mein Vater wird ihn lieben, und wir werden zu ihm kommen und Wohnung bei ihm machen.« Weil die Innewohnung Gottes durch den Heiligen Geist geschieht, sagt Jesus dem Gläubigen die Gegenwart der göttlichen Trinität in seinem Herzen zu. An dem Vorbild der innergöttlichen Gemeinschaft von Vater, Sohn und Heiligem Geist wird sich der Mensch für sein Gemeinschaftsleben inspirieren, ausrichten und befähigen lassen. Die Innewohnung Gottes wird in seinem Herzen einen weiten Raum schaffen, Raum für den andern, Raum zum Lieben, Raum zum Leben, zum Spielen und Atmen, Raum zur Lebenshingabe. Wahrlich: »Die Hilfe Gottes ist der weite Raum, der uns frei und fröhlich macht« (M. Luther).

Eine gute Illustration zu dem Gesagten bietet das Gedicht von C. F. Meyer auf den Römischen Brunnen.

> »Auf steigt der Strahl – und fallend gießt
> er voll der Marmorschale Rund,
> die, sich verschleiernd, überfließt
> in einer zweiten Schale Grund.
> Die zweite gibt, sie wird zu reich,
> der dritten wallend ihre Flut,
> und jede nimmt und gibt zugleich
> und strömt und ruht.«

Wenn wir das Bild des Brunnens auf unser Thema anwenden, bekommen wir folgende Illustration:

Dynamisches Leben aus Gott

Ich schließe mit Gedanken Luthers zu 2. Korinther 2,14: Gott aber sei gedankt, der uns allezeit Sieg gibt in Christo. »Es lassen sich oft der Gläubigen Sachen ansehen, als wären sie gar verdorben, und wir würden verzagen müssen. Aber der Glaube hält immer den Sieg und überwindet alle Fehler und Gefahr, die den Gläubigen begegnen. Er macht die Sehenden blind und die Hörenden taub und wieder auch die Tauben hörend und die Blinden sehend und in summa: *er sündigt und verliert nichts*. Oder wenn er etwa aus Torheit oder Unvorsichtigkeit sich stößt oder fehlt, so pflegt doch Gott solches vorherzusehen und zu bessern, auf daß die Fehler zugedeckt werden und endlich dennoch einen glückseligen und guten Ausgang gewinnen mögen. So kräftig ist der Glaube und das Gebet.«

V. Erziehen zur Gemeinschaft

»Es ist dem Manne gut, daß er das Joch in seiner Jugend trage.«
Klagelieder 3,27

Weil die Gemeinschaft etwas Kostbares, Erstrebenswertes, ja, Lebensnotwendiges ist, müssen wir uns für sie einsetzen, sie pflegen und wie unsere Umwelt rein erhalten und schützen. Wir werden die gemeinschaftsfördernden Kräfte und ganz besonders das Intimverhalten zwischen Mann und Frau dahingehend zu prüfen haben, ob es der Gemeinschaft dient oder sie zerstört, ob es aufbauend oder ausbeuterisch ist, ob es wild oder verantwortungsbewußt mit den Reserven des Menschen umgeht. Wir werden uns auch ganz neu der Aufgabe zu stellen haben, junge Menschen für die Gemeinschaft zu schulen.

Die Kinderstube als Schulung zur Gemeinschaft

Die erste und grundlegende Gemeinschaftsschulung geschieht in der Familie. Nach dem Stiftungswort der Ehe haben Kinder ein Anrecht auf Vater und Mutter (vgl. Mt 19,5). Sie bedürfen ihrer. Ein Kind braucht auch Geschwister. Wo einem Kind Geschwister vorenthalten werden müssen, werden Eltern um so mehr um Spielkameraden bemüht sein. Ein Kind braucht das Gegenüber, um zu lernen, mit anderen Menschen auszukommen. Die Sozialisierung des Kindes erfolgt in der Familie. Wenn in ein Einzelkind hineingestopft wird, was Eltern an Liebe, materiellen Gütern, Geld und Geschenken geben möchten, kommt es zur Übersättigung. Es wird in dem Kind ein Anspruchsdenken entwickelt, das es zur Gemeinschaft unfähig macht. Es wird undankbar und unzufrieden, obwohl es alles hat.

Kinder lernen im Umgang mit Geschwistern, mit den Eltern und mit ihren Spielgefährten, wie man in Gemeinschaft lebt. Sie müssen abgeben lernen, müssen warten können, lernen Verantwortung zu übernehmen, etwa im Betreuen jüngerer Geschwister, und lernen, auf andere Rücksicht zu nehmen. Kinder müssen sich aneinander reiben und wetzen können. Eltern tun gut daran, nicht sogleich ihr Kind gegenüber Nachbarskindern in Schutz zu nehmen. Es muß lernen, im Leben zu stehen, nachzugeben, zu vergeben und sich ohne anzugeben zu behaupten. So lernen wir von Kindesbeinen an Gemeinschaft.

Der Übergang von einer Gemeinschaftsform zur anderen

Wenn wir die Grundordnung der Ehe in 1. Mose 2,24 genauer betrachten, entdecken wir zwei Gemeinschaftsformen: die zu verlassende Gemeinschaft mit den Eltern und die zu gründende Gemeinschaft mit der Frau, mit dem Mann, die alte und die neue Familie. Dieser Übergang ist wie bei der Geburt alles Neuen ein hochsensibler Vorgang und entscheidet darüber, ob die Neugründung lebensfähig ist. Gott spricht zu dieser Stunde der Wahrheit ein Wort der Wahrheit. Er überläßt den Menschen nicht sich selbst. Kurz, aber umfassend spricht er drei Grundbedürfnisse des Menschen an. Es ist schon darauf hingewiesen worden, daß in der göttlichen Grundordnung der Ehe ein geistlicher, ein seelischer und ein leiblicher Aspekt zum Ausdruck gebracht werden: das Verlassenkönnen, das Anhangenkönnen und das Ein-Fleisch-Werden. Damit geht Gott auf die geistlichen, seelischen und leiblichen Bedürfnisse des Menschen ein. Sie müssen zur Kenntnis genommen werden, denn sie sollen in der Gemeinschaftsform der Ehe ihre Erfüllung finden. Deswegen kann eine Erziehung zur Gemeinschaft an diesen drei Grundbedürfnissen nicht vorbeigehen, und eine Vorbereitung zur Gemeinschaft muß auf diesen drei Ebenen erfolgen.

Was Kinder brauchen

Wie H. B. Kaufmann herausgearbeitet hat, findet sich schon in den Frühschriften Luthers der Hinweis auf den modernen und doch biblisch alten Erziehungsansatz, nämlich davon auszugehen, »was den Kindern gebricht«, was Kinder brauchen. Im Sermon von den guten Werken legt Luther dar, daß die ersten drei Gebote Eltern die Augen öffnen, »*daß sie ihre Kinder nach der Seele geistlich ansehen*« und »*zu Gottes Dienst recht erziehen*«. Dann hätten die Eltern alle Hände voll zu tun, »daß du der Kinder warten sollst, sie speisen und tränken mit guten Worten und Werken, daß sie lernen Gott zu trauen, glauben und fürchten und ihre Hoffnung in ihn setzen, seinen Namen ehren . . . daß sie zeitlich Ding verachten lernen, Unglück sanft tragen und den Tod nicht fürchten, dieses Leben nicht liebhaben. Siehe, welch große Lektion das ist, wieviel gute Werke auf dich warten in deinem Haus an deinem Kind, *das aller solcher Dinge bedarf* wie eine hungrige, durstige, bloße, arme, gefangene, kranke Seele. Oh, wie selig wäre eine Ehe und ein Haus, wo solche Eltern drinnen sind, fürwahr, es wäre eine rechte Kirche, ja ein Paradies!«

1. Die geistliche Vorbereitung

Das Wort vom Verlassen weckt negative Assoziationen. Es spricht von Trennung. Ich habe in einer Kultur gelebt, in welcher junge Mädchen unter Tränen ihren Hochzeitstag begingen, weil sie ihre Eltern verlassen mußten und durch den Brautpreis Eigentum einer anderen Sippe geworden waren. Wir empfinden diesen Schnitt in unserer Kultur nicht so intensiv. Und dennoch, wenn wir das Wort vom Verlassen weiterdenken, so weist es auf den Tod hin. Denn nicht nur die Kinder, auch die Eltern werden die Kinder verlassen. Es ist notwendig in unserer Zeit, daß wir den Tod wieder hineinnehmen in unser Denken, daß wir den Tod integrieren in unser Leben, daß wir uns auf das Verlassen vorbereiten!

Sich aufs Verlassen vorbereiten

»Lehre mich bedenken, daß ich sterben muß, daß mein Leben ein Ziel hat und ich davon muß«, lesen wir in den Gebeten der Psalmen (Ps 39,5). Ich liebe das Wort von Amy Charmichael, einer englischen Missionarin, die unter großem Segen noch als kranke Frau in Indien gearbeitet hat: »Trage alle Gottesgaben auf offenen Händen! Wenn Gott sie dir wieder nimmt, schmerzt es nicht. Wenn du deine Hände schließt, tut es weh.« – Auch der Lebensgefährte ist solch eine Gabe Gottes, die wir auf offenen Händen tragen sollten. In Psalm 27,10 lesen wir: »Mein Vater und meine Mutter verlassen mich, aber der Herr nimmt mich auf.« Wir müssen uns dem Lebensrealismus stellen. Kinder sind Gäste. Eltern bleiben nicht für immer. Es gibt nur einen, der uns nicht verläßt und deswegen auf immer und ewig verläßlich ist: Gott. Eltern haben das hohe Vorrecht und die große Aufgabe, ihre Kinder mit dem Gott bekannt zu machen, der ewig ist, der sich ihrer annehmen möchte, der sie aufnimmt, bevor die Eltern sie verlassen. Die Bibel nennt Gott »einen Helfer der Waisen« (Ps 10,14). Auf dem Hintergrund menschlicher Vergänglichkeit stimmt Mose das Lied des Glaubens an, vom Atem der Ewigkeit durchweht:

> »Herr, du bist unsere Zuflucht für und für.
> Ehe denn die Berge wurden
> und die Erde und die Welt geschaffen wurden,
> bist du, Gott, von Ewigkeit zu Ewigkeit.«
>
> Psalm 90,1–2

Sich verlassen können

So kommt Perspektive, so kommt Fundament und Ruhe, Beständigkeit und Hoffnung in unser Leben hinein. Glaube ist einmal wie folgt definiert worden: Glaube ist das Sich-Verlassen des Menschen. Gemeint ist im Wortspiel eine doppelte Bedeutung: daß ich mich selbst verlassen kann, daß ich mich nicht auf mich selbst stütze, und zum anderen: daß ich mich auf Gott verlasse als den einzigen, der mich nicht verläßt. Auf diese ewige Geborgenheit sollen

Eltern ihre Kinder im Auftrag Gottes hinweisen. Kinder brauchen sie. Sie brauchen Halt und Wärme. Ich zitiere Max König:

»Ein Kind, das von Anfang an die schützende Liebe der Mutter erfährt, entwickelt eine seelische Grundhaltung, ein unzerstörbares Urvertrauen. Es ist die tiefe Gewißheit, daß man, was immer sich ereignet, geborgen ist. Es ist eine Substanz an Wärme und Sicherheit, die sich nicht aufzehrt, von der man noch als Erwachsener leben kann. Menschen, die diese Haltung entwickeln konnten, bleiben nicht bewahrt vor Krisen und Anfechtungen, aber sie haben die Chance, sie besser durchzustehen. Sie können glücklich werden und glücklich machen. Sie können mit anderen fühlen, wie mit ihnen gefühlt worden ist.« (in »Ehe, das große Geschenk«)

Loslassen können

Eltern sollten sich früh mit dem Gedanken vertraut machen, daß sie einmal abgelöst werden. Das erste Aha-Erlebnis bricht beim Mann meist auf, wenn der Sohn im Laufen schneller wird als der Vater oder mehr Kondition beim Spielen aufbringt. Bei einer Frau ist es vielleicht der Umstand, daß ihrer Tochter mehr Aufmerksamkeit gezollt wird als ihr selbst. Kinder sollten dafür Verständnis aufbringen, daß ihre Eltern auch schwierige Wachstumsphasen zu durchlaufen haben.

In dem Übergangsprozeß von der alten Gemeinschaftsform zur neuen wird von Kindern wie Eltern geistliche Reife verlangt. Eltern tun gut daran, ihre Kinder nicht festzubinden und im Kindsein zu fixieren, sondern der jungen Pflanze, und besonders dem neuen Gemeinschaftsorganismus ihrer Kinder in der Ehe, eine Chance zu geben. Die Natur lehrt uns das Gesetz vom Sterben und Werden. Kein Weizen keimt auf, ohne daß Weizen stirbt und sich in Halm und Ähre verwandelt. Wer Kartoffeln rodet, findet immer wieder die unansehnliche Mutterkartoffel. Aber wie viele Jungkartoffeln sind aus ihr entstanden! Es ist nicht leicht, ein Ja zur Geschlechterfolge der Generationen zu finden, ein Ja zum Ablösungsprozeß. Letztlich bekommen wir erst vom Glauben her dieses Stirb und Werde in den Griff, sind ein froher Gast auf dieser Erde und freuen uns über die wogenden Weizenfelder, weil wir sie nicht nur erleidend von unten, sondern gleichzeitig mit den Augen des Glaubens von oben sehen. Im göttlichen Heilsplan hat der Tod und das Vergehen nicht mehr das letzte Wort über den Menschen. Mit Christus hat die Auferstehung begonnen.

Das Loslassen der Selbstbefriedigung

Es wird eine Selbständigkeit im jungen Menschen angesprochen, eine Stufe der Reife, die notwendig ist, um die neue Gemeinschaftsform der Ehe zu gründen. Weil es sich um ihren geistlichen Stützpfeiler handelt, möchte ich noch einmal unterstreichen: Der junge Mensch sollte zuvor seine Befriedigung in Gott gefunden haben. Er sollte sie nicht beim Partner suchen, so reich dieser auch sein mag. Gemeinsam sollen sie ihre Befriedigung in Gott suchen. Ein Mensch kann Befriedigung nicht bei sich selbst suchen. Das Wort von der Selbstbefriedigung ist unwahr und weist auf einen Todeszirkel. Wir können uns nicht selbst befriedigen. Der notvolle Umgang mit der Sexualität des eigenen Leibes hat häufig seelische und geistliche Ursachen. Junge Menschen, die in seelischer Einsamkeit leben, von ihren Eltern nicht verstanden werden, keine Geschwister oder Freunde haben, stehen in der Versuchung, sich selbst zu befriedigen. Sie geraten in einen Todeskreis hinein und wissen nach jeder Selbstbefriedigung: Ich kann es nicht, es geht nicht, ich hasse mich, und es ekelt mich an. Wo ein Mensch Frieden findet mit Gott, findet er auch zum Frieden mit sich selbst. Er hat die Selbstbefriedigung nicht mehr nötig. Er ist gestillt, er ist zur Ruhe gekommen im Angenommensein bei Gott. In dieser geistlichen Erfüllung gründet die Überwindung der Selbstbefriedigung, die Befreiung von einem abgeschmackten Geschäft.

Verlassen können – geben können

Wer in Gott zur Ruhe gekommen ist, kann sich verschenken. Verlassen können heißt deswegen auch geben können. Junge Menschen durchlaufen in ihrer Entwicklung eine introvertierte Phase, in welcher sie sehr egoistisch und ichbezogen sein können und fordern, daß auf ihre Wünsche eingegangen wird. Wer in dieser Phase steckenbleibt und keine Hilfe erfährt, bringt eine schwere Hypothek in die Ehe hinein. Das Anspruchsdenken ist der größte Feind aller Gemeinschaft. Um ihn zu überwinden, brauchen wir göttliche Hilfe, wie wir es im vorhergehenden Kapitel gesehen haben. Dann wird Geben seliger als Nehmen (vgl. Apg 20,35). Gemeinschaft lebt von liebevoller Hingabe, nicht vom Pochen aufs Recht.

Verlassen können – empfangen können

Weil Ehe ein Zusammenklang aus Leib, Seele und Geist ist, braucht sie eine gemeinsame Glaubensgrundlage. Man muß auch im geistlichen Bereich, im Glauben zusammenpassen. Die Mahnung in 2. Korinther 6,14, sich nicht mit Ungläubigen unter ein gemeinsames Joch spannen zu lassen, gilt ganz besonders für die Ehe. Glaubensungleiche Partner möchte Gott nicht zusammenfügen (vgl. Mt 19,6). Wenn geheiratet wird, »soll es in dem Herrn geschehen« (1. Kor 7,39)! Es ist immer noch das sicherste Zeichen, daß Gott zwei Menschen füreinander bestimmt hat, wenn er sie vor der Ehe in ein Glaubensverhältnis zu sich gebracht hat. Verliebte sind einander keine guten Missionare. Wo sich etwas anbahnt, sollte man Gott als Bestätigung zutrauen, daß er beide Partner zum Glauben finden läßt, sonst hinkt die Ehe. Die Ehe braucht den Einklang im Geist. Hier erfahren die zentralen Fragen des menschlichen Lebens ihre Lösung. Mancher hat schon beteuert: Laßt uns erst heiraten. Ich bekomme den andern schon herum. Doch zumeist wird dabei der gläubige Partner »herumgebracht«. Nein, es ist schon richtig und wichtig, daß Mann und Frau zuvor eines Glaubens und einer Liebe zu Jesus sind. Es gibt nur dieses eine Fundament auf dem Felsen. Ich zitiere M. Luther: »Es soll keiner heiraten, er habe denn zuvor gelernt, seinem Hause zu predigen.« Geistliche Ausrichtung und Orientierung ist das Allernötigste, was Kinder brauchen. Es ist die Wegzehrung für ihren inneren Menschen.

2. Die seelische Vorbereitung

Reifung braucht Zeit. Unreife Äpfel schmecken nicht. Wir müssen uns Zeit zur Reifung lassen, ganz besonders zur seelischen Ausreifung. Die Bibel macht uns Mut zur Entfaltung der Person, bevor wir uns aneinander binden (Spr 24,27). Wir sollen zu uns selbst gefunden haben im Miteinander der Familie, bevor wir zum Partner finden, bevor wir anhangen. Erst wer verlassen kann, kann anhangen. Nur wer sich gefunden hat, kann sich schenken. Deswegen ist ein Mindestmaß an geistlicher und seelischer Reife die Voraussetzung für das Gelingen einer neuen Gemeinschaftsform, für das Ein-Fleisch-Werden, für den neuen Lebensorganismus, wie die Bibel die eheliche Gemeinschaft umschreibt. Sexualgemeinschaft bedarf der geistlichen Reife und der tragenden seelischen Gemeinschaftsfähigkeit zweier Partner. Sonst bleibt sie leer und stößt den Partner ins Leere.

Die frühen Freundschaften

Frühe Freundschaften sind ein Notbehelf und eine Anklage zugleich. Sie weisen darauf hin, daß einem jungen Menschen Anerkennung und Geborgenheit im elterlichen Hause vorenthalten blieb. So sucht er beides beim Freund oder der Freundin und wirbt um Verständnis für seine Probleme. Der andere sollte mir aber als Schuttabladeplatz meiner Probleme zu schade sein. Diese Orte riechen nicht angenehm. Der junge Mensch braucht eine Zeit der Reifung für sich selbst, in der er sich dem anderen in seiner Unausgegorenheit und Unausgeglichenheit noch nicht zumuten kann. Wir schmecken noch nicht. Viele Jugendliche haben zu viel zu verkraften, sich zu viel zugemutet: Da sind die eigenen Probleme, dann die Last der Probleme des Freundes, von der Verantwortung für die Ausbildung in Schule und Beruf noch gar nicht zu reden! Die seelische Substanz ist dermaßen gefordert, daß sie dünn wird und durchzubrechen droht. Der Absturz in Frühdepressionen ist tragisch; die laute Ungeduld in den Aggressionen nicht minder. Beides verletzt.

Stabilität ist gefragt

Deswegen benötigen wir in der Zeit der Reifung eine gewisse Distanz, um innerlich gesund zu bleiben. Liebe und Verehrung dem andern gegenüber: ja! Aber auf Distanz. In dieser entscheidenden Phase der seelischen Vorbereitung müssen wir anderen Erfordernissen ins Auge schauen. Stabilität ist gefragt, Stabilität im Denken, Fühlen und Wollen. Diese drei Kräfte der Seele wollen entwickelt werden. Die Zielvorstellung für die Zeit des Heranreifens von Jungen und Mädchen lautet nach Römer 5,17: »Im Leben herrschen«. Es ist ein königliches Wort, es weist auf den Adel hin, zu dem der Mensch gerufen ist, den Gott dem Menschen in der Lebensgemeinschaft mit Jesus zukommen lassen will. Es ist das Faszinierende an der Passionsgeschichte Jesu, daß das schreckliche Leiden seinem Adel keinen Abbruch tun konnte, daß er fähig war, den Speichel der Verachtung zu ertragen, weil er gehalten war in der Wertschätzung seines himmlischen Vaters und dadurch unabhängig von der Stimme der Menschen war. Es war Eva von Thiele-Winckler, die ihre Schwesternschaft aufforderte: »Seid königlich unabhängig von Menschen, von ihrem Lob, Tadel und Anerkennung, und seid kindlich abhängig von Gott!« Um dieser Zielsetzung willen muß ein junges Mädchen, ein junger Mann, lernen, Selbstbeherrschung zu üben, Beherrschung des Denkens, Beherrschung der Emotionen, Beherrschung der Sexualität. Später sollen wir einander beglücken und entfalten. Das können wir aber nur, wenn unsere seelischen Kräfte selbst zur Entfaltung gekommen sind.

Die Entfaltung des Willens

So paradox es klingen mag: die Entfaltung des eigenen Willens erfährt der Mensch dadurch, daß er gehorchen lernt, daß er sich einem anderen Willen beugt. Deswegen legt die Schrift ein großes Gewicht auf den Gehorsam, ja, redet in diesem Zusammenhang die Kinder besonders an: »Ihr Kinder, seid gehorsam euren Eltern um des Herrn willen, denn das ist recht!« (Eph 6,1). Wie Jesus seinen Eltern untertan war, sollen Kinder sich ihren Eltern unterstellen (vgl. Luk 2,51). Am Respektieren des elterlichen Willens entfaltet sich der eigene Wille und kann am Gebot emporranken, im Annehmen mehr als im Ablehnen, in der Selbstüberwindung mehr als im trotzigen Nein. Das ist wahrlich ein Geheimnis. Wer immer seinen Willen durchsetzen konnte, besitzt letztlich keinen. Deswegen sagt die Bibel: Es ist dem Manne gut, daß er das Joch in der Jugend trägt (vgl. Klag 3,27). Unter dem Joch erstarkt er.

Willensschulung in der Pubertät

Das zweite Paradox ist, daß sich der Wille eines jungen Menschen nirgends stärker entfaltet, als in der Beherrschung seiner Sexualität. Unser Jugendpfarrer, selbst ein Reiter, verglich das Beherrschen der Sexualität mit dem Einreiten eines jungen Pferdes. Wer sich dieser Mühe nicht unterzogen hat, riskiert, daß in einer späteren Partnerschaft ein, gar zwei ungebändigte Pferde gegeneinander ausschlagen, zumal, wenn der Reiter tut, was das Pferd will und den Willen und die Kraft des Pferdes nicht gemeistert hat. Hier ist wenig Gemeinschaft möglich und der Konflikt vorprogrammiert. Wirkt sich die erwachende Sexualität bei dem jungen Mann mehr auf dem leiblichen Gebiet aus, so bei dem jungen Mädchen vor allem auf seelischem Gebiet. Doch bei beiden ist der gleiche Willenseinsatz gefordert und wird die gleiche Willensformung erfahren. Ein junges Mädchen muß lernen, nicht launisch zu sein, seine Gefühle in den Griff zu bekommen und die Saiten zu stimmen. Auf ungestimmten Saiten spielt es sich nicht gut, und es ist wenig anziehend. Bei Mann und Frau bilden sich in der Pubertät verschiedene Schwerpunkte heraus, werden verschiedene Prioritäten gesetzt: Ein junger Mann muß lernen, sein sexuelles Verlangen zu beherrschen, denn er soll später seine Frau zur sexuellen Entfaltung führen. Ein Mädchen soll einmal ihrem Mann Mut zusprechen, ihn trösten und seelisch entfalten können. Damit die verschiedenen Gaben hilfreich in der Ehe eingebracht werden können, muß man einfach gelernt haben, sie zu beherrschen.

Absage an die »Bravo«-Mentalität

So kommen wir zu dem verblüffenden Schluß: Gerade nicht das Praktizieren, sondern der Verzicht auf die frühe Sexualgemeinschaft läßt den Menschen reifen und seinen Willen formen. Es ist deswegen an der Zeit, der »Bravo-Mentalität« eine deutliche Absage zu erteilen. Der Mensch ist mehr als ein sexuelles Wesen. Er verweichlicht, er wird gemeinschaftsunfähig durch Frühsexualismus und Lustmaximierung. Leben nach dem Lustprinzip macht lebensunfähig. Wir müssen uns wieder verweigern können, wie Josef im lasziven Ägypten, der dem verlockenden Angebot der schönen Ministerfrau standhielt und es ablehnte, mit ihr zu schlafen, weil er Gott fürchtete (1. Mose 39,9) und weil der Geist Gottes in ihm wohnte (1. Mose 41,38). Ach, daß wir wieder im rechten Moment nein sagen könnten und uns von der Lust nicht in die Knie zwingen ließen, weil wir stärker sind als der Sexus und nicht mehr unter seinem Zwang stehen! Jesus verspricht: »Wen der Sohn freimacht, der ist recht frei!« (Joh 8,36). – Fordert die Bibel den Mann zur Selbstbeherrschung auf, so die Frau zur Zucht. Frauen sollen zuchtvoll sein und ihren Sex-Appeal, die verlockende Kraft ihrer Weiblichkeit, taktvoll einsetzen. Der Umgang mit ihrem Körper soll von Verantwortung ihrem Schöpfer gegenüber gekennzeichnet sein und nicht zerstörerisch wirken. Geschlechtlichkeit will beseelt sein. Unpersönlicher Sex tötet, ist tot-langweilig und weckt ebenso unpersönliche Lüste. Eine zuchtlose Frau wird in der Bibel mit einer tiefen Grube und einem engen Brunnen verglichen. »Sie mehrt die Treulosen unter den Menschen« (Spr 23,28). Unzüchtiger Umgang mit dem Sex-Appeal kann zu tierischem Verhalten Anlaß geben, wie in Sprüche 11,22 drastisch beklagt wird: »Ein schönes Weib ohne Zucht ist wie eine Sau mit einem goldenen Ring durch die Nase.« Laszivität überwuchert und erstickt die Schönheit.

Denk- und Gefühlsschulung durchs Gebet

In 1. Timotheus 2,8 findet sich der erstaunliche Satz: »Ich will, daß die Männer beten an allen Orten und aufheben heilige Hände ohne Zorn und Zweifel.« Weil nur das Gebet die geistlichen Kraftreserven Gottes öffnet, sollen wir beten, sollen ganz besonders die Männer beten, denn ohne den Geist Gottes und seine Kraft können wir nicht im Leben herrschen, können wir die Emotionen (Zorn) und das Denken (Zweifel) nicht beherrschen. Beides hindert uns am Gebet: das unbeherrschte Denken und das unbeherrschte Gefühl. Zweifel entstehen durch unkontrolliertes Denken, wenn der Verstand mich bestimmt und sich nicht vom Glauben, vom Geist bestimmen lassen will. Die Bibel ist nicht denkfeindlich. Wie könnte sie, da der Verstand eine Schöpfungsgabe Gottes ist! Wir sollen aber unter der Führung des Geistes Gottes denken. Eine feine Formulierung zu diesem Problem finden wir in Hebräer 11,3: »Durch den Glauben verstehen wir.« Das heißt doch: Nur wenn ich glaube, kann ich verstehen, nur wenn der Geist Gottes mein Denken leitet, denke ich richtig. Wer autonom denkt, denkt unbeherrscht, und unbeherrschtes Denken führt zum Zweifel. Wer zweifelt, kann nicht beten. Wer glauben will, muß sein Denken unter die Herrschaft Gottes stellen. Wenn ich erkannt habe, daß in mir, und d. h. auch in meinem Denken, nichts Gutes wohnt (vgl. Röm 7,18), und wenn ich Jesus anrufe, befreit er mein Denken und inspiriert mich zum schöpferischen Denken. Zweifel und Zorn wollen beherrscht sein.

Einem Mädchen wird nicht so sehr der Zorn als die Verletzlichkeit zu schaffen machen. Sie wird lernen müssen, nicht wegen Kleinigkeiten empfindlich zu reagieren. Das Gebet führt auch sie in den weiten Raum der Befreiung.

Gesprächsschulung

Zur Entfaltung der seelischen Kraft gehört auch die Gesprächsfähigkeit, daß wir in Worte fassen können, was uns bewegt und beschäftigt. Menschen können miteinander reden. Es gibt keine engere Verbindung von Mensch zu Mensch und von Herz zu Herz als durch das Wort. Die menschliche Gemeinschaft steht und fällt mit dem Wort, mit dem Gespräch. Wir sollten sehr dankbar sein, daß uns das Wort gegeben ist und daß wir uns nicht anschnauzen, anfauchen oder anheulen müssen. Und wir sollten uns im Wortgebrauch üben!

Eine freie Atmosphäre im Elternhaus trägt zur Gesprächsfreudigkeit bei. Kinder sollten alles sagen und fragen dürfen. Die Eltern achten dabei auf den Umgangston. Nach der Zeit des munteren Erzählens und mit Beginn des reflektierteren Sprechens hilft die Lektüre guter Bücher und Gedichte zur Wortgewandtheit. Auch das Aufsatzschreiben ist hier zu nennen. Ich lerne mich auszudrücken, wie ich es bei Schriftstellern kennengelernt habe. Das Gruppengespräch in der Schulklasse oder in einer Jugendgruppe ist eine weitere, wichtige Gesprächsschulung. Leider hat sich in der Diskussionsübung das Behaupten von Positionen über dem Verstehen von Gegenpositionen durchgesetzt, und man kämpft um seinen Standpunkt ohne das faire Bemühen um den Standpunkt des anderen. Schade! Es könnte sich teuer auszahlen. Auch das Briefeschreiben ist zu erwähnen; es zwingt uns, uns gründlicher und verbindlicher auszudrücken, als es in einem flüchtigen Telefongespräch möglich ist. Ganz besonders ist das Gebet zu nennen. Wie uns das Gebetsbuch der Bibel, die Psalmen, beweist, haben die Psalmisten in ihren Gebeten Freude und Kummer, Liebe und Leid, Herrlichstes und Schrecklichstes zum Ausdruck gebracht. Die Bibel nennt das Gebet »das Gespräch des Herzens« (Ps 19,15), ein aufrichtiges Reden oder auch Aufschreien zum Herzen Gottes, je nach der Situation, in der sich der Beter befindet. Das Gebet ist eine rechte Gesprächsschulung.

Wieviel muß doch im Menschen wachsen und zur Entfaltung kommen, bevor er gemeinschaftsfähig und reif für die eheliche Begegnung ist! Wir haben gesehen: Erst die Entfaltung und Beherrschung seiner seelischen Kräfte befähigt den jungen Menschen, anzuhangen, zu lieben und sich zu verschenken. Ohne den seelischen Inhalt ist die sexuelle Begegnung leer, unbefriedigend und abstoßend. Um sich schenken zu können, muß man sich gefunden haben: geistlich, seelisch und leiblich. Dazu braucht es Zeit und Geduld, Zeit zur Reifung und Geduld zum Wachsen. Darum: ohne Verlassen kein Anhangen und ohne Anhangen keine leibliche Gemeinschaft.

3. Die leibliche Vorbereitung

Da alles Geistliche und Seelische im Leiblichen sichtbar wird, mußten wir immer schon auch die leibliche Dimension berühren. Es soll aber nunmehr das spezifisch Leibliche zur Sprache kommen.

Gabe und Aufgabe des Leibes

Der Leib des Menschen ist Gott so wertvoll, daß er ihn mit seinen eigenen Händen gebildet hat. Von allen anderen Schöpfungswerken heißt es: Gott sprach, und es geschah. Vom Leib des Menschen sagt die Bibel, daß Gott ihn formte (1. Mose 2,7). Jeder Teil war ihm wichtig. Über alles glitt seine Hand. Dieser Hinweis verpflichtet uns auf den Wert des eigenen und auf die Achtung des Leibes unseres Nächsten. »Ich bin wunderbar gemacht« (Ps 139,14).

Der Leib ist Gott so wichtig, daß er ihn an der Auferstehung und Neuschöpfung teilhaben läßt. Das Griechentum erwartete eine Erlösung vom Leib. Die Bibel verheißt eine Erlösung des Leibes (Röm 8,23). Für die Griechen war der Leib der Sitz des Bösen. Sie bewerteten den Menschen von oben nach unten. Das Haupt, das Denken, war der edelste Teil des Menschen. Der Oberkörper, als Wohnung des Gefühls, war schon problematischer. Doch unterhalb der Gürtellinie wurde es undiskutabel. Durch die niederen Begierden des Unterleibs wurde der Mensch wieder und wieder zu Fall gebracht. Nach der Bibel wohnt das Übel nicht im Leib, sondern im Herzen. Sie unterscheidet nicht oben und unten, sondern innen und außen. Nicht was in den Menschen hinein-, sondern was aus ihm herauskommt macht den Menschen nach Jesu Worten unrein (Mk 7,18–23). Der Sitz des Bösen ist im Innern. »In meinem Herzen wohnt nichts Gutes«, bekennt Paulus (Röm 7,18). Das ist eine tiefere Wirklichkeitserfassung, als wir sie im Griechentum und auch im Buddhismus erfahren. »Ich glaube an die Auferstehung des Leibes«, bekennen wir im sonntäglichen Credo. Gott hat den Leib lieb.

Schon jetzt gibt es keine höhere Wertung des Leibes, als daß er ein Tempel des Heiligen Geistes sein soll (1. Kor 6,19–20). Seine

Glieder sollen Glieder der Gerechtigkeit und Christi Glieder werden (vgl. Röm 6,13.19) Durch sie will Jesus blicken, hören, reden, fühlen und gehen. Ohne den Leib gäbe es auf der Seite des Menschen kein einsatzbares Vehikel, kein durchschlagendes Mittel zur Weltmission. Durch den Leib der Gläubigen erreicht Gott seine Welt.

Brauch und Mißbrauch des Leibes

Scham und Schamgefühl haben in der Bibel einen positiven Stellenwert. Scham ist uns zum Schutz gegeben, zum Schutz des inneren Menschen. Wer meint, auf die Scham verzichten zu können und seinen Leib unbedenklich zur Schau stellt – im lateinischen nennt man das prostituieren – der verletzt sein Innenleben und das seines Nächsten. Er steht in der Gefahr zu verrohen. Wenn es nicht Sigmund Freud gewesen wäre, würde ich den folgenden Satz nicht aussprechen: »Abwesenheit von Schamgefühl ist das sicherste Kennzeichen von Schwachsinn.«

Dietrich Bonhoeffer hat uns eine begründende Umschreibung der Scham hinterlassen: »Scham ist die nicht zu beseitigende Erinnerung des Menschen an seine Entzweiung mit dem Ursprung. Sie ist der Schmerz über die Entzweiung.« Hansjörg Bräumer bemerkt dazu: »Die Scham wurde erst in der Welt des Zwiespalts nötig. Als der Mensch sich in seiner Entzweiung mit Gott erkennt, beginnt er seinen Körper zu bedecken. – Als Gott seinem gefallenen Geschöpf begegnete, bekleidete er es (1. Mose 3,21). Gott erklärte die Scham des Menschen und sein Verlangen nach Kleidung nicht für ein nichtiges und der Natur widersprechendes Gefühl, sondern er schenkte dem Menschen Kleider. Der Kampf gegen die Scham ist ein bewußtes Ignorieren des Sündenfalls, ein Zurückweisen der Gabe der Kleidung. Menschen, die ihren Körper entblößen, bringen damit zum Ausdruck, daß sie Gottes Fürsorge und sein Erhalten nicht wollen.«

Wir müssen es noch deutlicher sagen: Wer mit Gewalt den Menschen ins Paradies zurückversetzen will und mit sexualerzieherischen Methoden den Kindern beibringt, Scham sei unsinnig, vergeht sich »gewalttätig« am Mitmenschen und setzt ihn der Gefahr seelischer Erkrankung aus. Wir leben nicht mehr im Paradies. Es gewaltsam wiederherstellen zu wollen, ist illusorische Schwärmerei. Wir brauchen in dieser Welt die Scham zum Schutz des Menschen.

Folgen der Schamverletzung

Ich erinnere mich an ein Gespräch mit einem 17jährigen Mädchen: hübsch, intelligent, mit eigenartig traurigen Augen. Sie habe keine Heilsgewißheit, sie wisse nicht, ob sie zu Jesus gehöre, sie sei innerlich zerrissen. – Später kam heraus: In ihrer Familie wurde das moderne Sexualverhalten praktiziert. Der Vater verlangte von ihr, daß sie sich nackt vor ihm wusch. In dem Mädchen war etwas zerbrochen. Sie durfte kein Schamgefühl aufbauen, sie hatte keinen Schutz, sie konnte nicht glauben. Der eigene Vater, der sie beschützen sollte, stand ihrem Glauben an den himmlischen Vater im Weg. In einem anderen Gespräch mit einer jungen Frau bekannte diese: Ich quäle meinen Mann, ich kann so hart gegen ihn sein, ich will es nicht. Als sie mir aus ihrer Familie erzählte, erkannten wir den Grund ihres Hasses. Bis ins hohe Teenageralter ging ihr Vater mit ihr in einem See baden. Beide badeten nackt. Die Mutter unterstützte es. Diese Sexualerziehung entwickelte in dem Mädchen einen Haß gegen alles Männliche, der sich so tief eingefressen hatte, daß sie ihren Mann in der geschlechtlichen Begegnung nicht lieben konnte. Es ist nur zu deutlich: Wer das Schamgefühl geringachtet, schädigt sich und seinen Nächsten.

In der Bibel finden wir eine Zusage, daß es Erlösung und innere Befreiung vom Fehlverhalten der Eltern gibt (1. Petr 1,18). Wer fände sonst den Mut, ohne diese tiefe Applikationsmöglichkeit des Blutes Jesu anamnetisch in die Vergangenheit zurückzugehen!

»Laß die andern doch wegsehen!«

In einer Diskussion über das Nacktbaden und Nacktsonnen am Strand sagte eine Teilnehmerin: »Laß die anderen doch wegsehen! Ich möchte überall braun werden. Wen das stört, der soll wegsehen.« Hinter dieser Haltung wird die zuvor besprochene ichbezogene Lebensauffassung deutlich. Wir müssen doch genau andersherum kommen und fragen: Wie wirke ich in meiner entblößten Leiblichkeit auf den anderen! Wenn ich einmal nackt ein Sonnenbad nehmen will, dann suche ich mir eben einen Platz, wo ich nicht gesehen werden kann. Und wenn ich einmal genießen möchte, ohne Badeanzug zu baden, dann kann ich es im Schutz der Dunkelheit tun. Wir brauchen den Schutz des Kleides. Sexualität ist aggressiv. Der Sexualtrieb gehört zum stärksten Trieb im Menschen. Wenn er nicht gebändigt ist, zerstört er wie Dynamit. Gott wird mich einmal zur Rechenschaft darüber ziehen, wie ich mit meinem Leib umgegangen bin, ob ich andere geschädigt oder ihnen wohlgetan habe.

Das Ausbreiten des Gewandes als Verlobungsakt

In diesem Zusammenhang sei an den Verlobungsritus in Israel erinnert, der darin bestand, daß ein junger Mann ein Gewand über seine Erwählte ausbreitete. So beschreibt Gott sein Werben um Israel: Als die Zeit da war, die Zeit der Liebe, »da breitete ich meinen Mantel über dich und bedeckte deine Blöße. Und ich schwor dir's und schloß mit dir einen Bund, daß du solltest mein sein« (Hes 16,8). Dieser Brauch macht die kühne Tat von Ruth verständlich, die sich des Nachts zu Boas's Füßen unter die Decke legte. Sie wünschte, von Boas geheiratet zu werden und sagte dem erstaunten Mann: »Breite den Zipfel deines Gewandes über deine Magd, denn du bist der Löser« (Rut 3,9). Es war ihre Liebes- und Überlebenserklärung nach gültigem israelitischem Recht. Wieder das Bedecken bzw. Bedecktwerden mit einem Gewand! Auf den Schleier als das Keuschheitssymbol der Braut in Jeremia 2,32 soll ebenfalls hingewiesen werden. Vielleicht erklärt sich aus diesem Zusammenhang die Anordnung des Paulus für die Gemeinde in Korinth, daß die Ehefrauen in der Öffentlichkeit eine Kopfbedeckung tragen sollten (vgl. 1. Kor 11,5), dazu gehörte auch der Gottesdienst. Es war ihr Zeichen, verheiratet zu sein, gleichsam ein Schutzzeichen, so wie es der Ehering im europäischen Kulturkreis ist. Das Wertvolle wurde verhüllt. Wo es wie bei der Kopfbedeckung zum Zeichen wurde, war es Grenze und Schutz. Erst in einer Zeit, die vom Achtungsverlust vor dem Nächsten und dem, was sein ist, bestimmt ist – wie zur Zeit des Untergangs Israels, in der »ein jeder nach seines Nächsten Weibe wieherte wie die vollen, müßigen Hengste« (Jer 5,8) –, ist uns die Bedeutung des Kleides und der Scham verlorengegangen.

Wir fassen zusammen: Was Gott verhüllt hat, soll der Mensch nicht entblößen. »Das Entblößen berührt die Menschenwürde« (C. Westermann). In der Umhüllung der ehelichen Liebe ist die Entblößung geschützt.

Leibesübung und -ertüchtigung

Wenn wir so ausführlich um das rechte Leibesverständis gerungen haben, so entspricht es einer Erfordernis unserer Zeit, die wissentlich oder unwissentlich leibfeindlich und leibzerstörerisch ist und dem Menschen in seinem Personsein schädigt. Nicht unerwähnt soll aber bleiben, daß zur rechten Gemeinschaftsvorbereitung auf leiblichem Gebiet die Leibesertüchtigung gehört, sei es im sportlichen Training oder in der beruflichen Ausbildung. Hier sollen besonders die handwerklichen Tätigkeiten in Garten, Haus und Hof erwähnt werden, denn diese werden in jeder Gemeinschaft nötig sein. Ebenso die hausfraulichen oder die hausmännischen Fähigkeiten! Geschicklichkeit in Sport und Spiel, bei praktischer Tätigkeit, beim Basteln, Malen und Musizieren weist darauf hin, daß wir unseren Leib in die Leibeserziehung und Leibesbildung hineingenommen haben, daß wir das, was Gott so wunderbar geformt hat, nicht ungenutzt lassen wollen.

VI. Nicht mehr intim vor der Ehe

»Die Stunde ist da, aufzustehen vom Schlaf. Lasset uns nüchtern sein und am Tage leben, nicht in Freßsucht und Trunksucht, nicht im Rausch, nicht in Betten und Beischlaf, nicht in Zügellosigkeit, sondern ziehet an den Herrn Jesus Christus!«
Paulus in Römer 13

Beinahe zu weit gegangen

»Gestern abend gingen wir fast zu weit. Die Spannung hatte sich seit Wochen verstärkt. Wir wollten miteinander alleine sein und haßten es, uns jeden Abend trennen zu müssen. Die Erregung wuchs, wenn wir uns küßten, und das Verlangen noch mehr . . . bis wir gestern abend beinahe zu weit gingen. Du sagtest so wenig. Hast du dich geärgert? Fühltest du dich betrogen? Dachtest du, ich hätte dich nur zum Spaß ermutigt, um dann nein zu sagen? Meinst du, daß ich dich in Wirklichkeit gar nicht liebe?

Bitte versuche, mich zu verstehen! Ich möchte, daß wir klare Verhältnisse haben, gerade weil ich dich so sehr liebe. ›Bis zum Letzten gehen‹, bevor wir verheiratet sind, das wäre so, als würden wir das Dach auf ein Haus setzen wollen, dessen Fundamente und Mauern noch nicht fertig sind. Bitte mich deshalb nicht um etwas, das ich nicht verantworten kann, damit ich nicht eines Tages zustimme. Unsere Liebe würde dadurch verletzt, denn wir müssen zu uns selbst genauso aufrichtig sein wie zueinander.

Laß uns sorgfältig an unserer Liebe bauen, damit sie von Dauer ist. Dann können wir eines Tages ohne Reue und Schuldgefühle in das Haus dieser Liebe einziehen und uns miteinander darin für immer freuen.« (Aus: Liebe - das große Geschenk)

Ich bin zu weit gegangen

In Johannes 8,3–11 lesen wir von der Begegnung Jesu mit einer jungen Frau, die zu weit gegangen war. Nach geltendem Recht sollte sie gesteinigt werden (5. Mose 22, 20–21). Jesus, der als einziger den ersten Stein hätte werfen können, sagte zu ihr: »Ich verdamme dich nicht. Geh hin und sündige hinfort nicht mehr.« Er konnte es sagen, weil er später die Steine auf sich fallen ließ, weil er die Todesstrafe auf sich nahm, damit wir zum Frieden fänden und durch seine Wunden geheilt würden (vgl. Jes 53,5).

Wohl auf keinem Gebiet unseres Lebens brauchen wir so viel Vergebung wie bei dem Miteinander von Mann und Frau. Wir vergehen uns in Gedanken (10. Gebot und Mt 5,28), in Worten und in der Tat (6. Gebot). Keiner von uns ist befugt, einen Stein aufzuheben, geschweige denn zu werfen. In Psalm 130,4 lesen wir: »Bei dir ist die Vergebung, daß man dich fürchte.« Es ist keine billige Vergebung, die Gott uns anbietet. Sie hat den Tod seines Sohnes gefordert. Deswegen müssen wir auch Schuld Schuld sein lassen. Jesus nahm wohl das Leben der jungen Frau in Schutz, aber nicht ihre Tat: »Sündige hinfort nicht mehr!« Empfangene Vergebung befähigt zu Konsequenzen. Wir dürfen zu Jesus kommen und an seinem Kreuz von der Strafe befreit werden. Wir müssen nicht sterben und des Heiligen Geistes verlustig gehen. Die Strafe liegt auf ihm. Wir dürfen gereinigt werden, da, wo wir zu weit gegangen sind und Grenzen überschritten haben. Gleichzeitig habe ich unverheirateten Paaren Mut gemacht, wieder auf Distanz zu gehen. Sie hatten eingesehen: wir haben eine Grenze überschritten, die unseren Glauben gefährdet. Wir trennen uns wieder in dem Bewußtsein, daß wir dadurch stärker werden und vorbereiteter füreinander, bis zum Tage der Hochzeit.

Ein anderes Gefäß

Unbedachtes und unverantwortliches Schlafen miteinander hinterläßt Spuren, Spuren innerer Verletzungen, Spuren der Anklage und Bitterkeit. So mancher empfand sich nicht nur als verunreinigtes, sondern als zerbrochenes Gefäß. »Ich fühle mich wie eine Coca-Cola-Büchse: aufgerissen, ausgesoffen und weggeworfen«, sagte das 15jährige Mädchen. Ein zerbrochenes Gefäß!

Ein mutmachendes Kapitel im AT ist Jeremia 18. Wir schauen einem Töpfer zu, dem das Gefäß unter den Händen mißlingt. Und nun wirft er nicht voller Enttäuschung den Ton in die Ecke, sondern er knetet ihn neu und macht ein anderes Gefäß daraus. Viele sind zu Jesus gekommen mit dem Bekenntnis: Mein Leben ist verpfuscht, das Gefäß mißraten! – und haben es erfahren: »Da macht er einen anderen Topf daraus, wie es ihm gefiel« (V. 4). Wir sprechen von zweiter Wahl als von etwas Abwertigem. Gott spricht von Neuschöpfung (2. Kor 5,17), von etwas Vollwertigem. »Solch sind eurer etliche gewesen. Aber ihr seid abgewaschen, ihr seid geheiligt, ihr seid gerecht geworden durch den Namen des Herrn Jesus Christus und durch den Geist unseres Gottes« (1. Kor 6,11). Da kann man nur staunen. Das kann wirklich nur Gott tun!

Warum noch nicht? - bei Verlobten

Immer wieder sagen mir junge Menschen: Wir erfüllen alle Voraussetzungen, die Sie erwähnt haben. Wir haben uns gern und wollen beieinander bleiben. Die Eltern sind einverstanden. Wir haben uns die Treue gelobt, und das soll auch so bleiben. Warum dürfen wir nicht miteinander schlafen? Ich antworte: Dann heiratet doch! – Intimverkehr braucht den Schutz des bekennenden Gelöbnisses. Die Ehe ist keine private Angelegenheit. Sie soll ein Siegel haben, sichtbar für alle Menschen (vgl. Hld. 8,6 mit Röm 10,10).

Auf die Frage: Warum warten? gibt die Bibel uns eine mehrfache Antwort.

1. Weil das Ehehaus nicht fertig gebaut ist. Es fehlt etwas Wesentliches. Das Dach ist nicht geschlossen. Der Schutz der Verbindlichkeit nach außen und nach oben fehlt (vgl. Mt 19,5). Es kann hereinregnen. Nun müssen wir manchmal in ein unfertiges Haus einziehen. Wir werden aber darauf achten, daß das Dach geschlossen ist und die Wände die Wärme abfangen und Schutz bieten. Wer möchte schon im Regen stehen?

2. Weil Gott Zeuge sein will. Wir sahen schon: Bei dem wichtigen Ereignis, wo Mann und Frau einen Lebensbund schließen, will Gott als Zeuge zugegen sein (Mal 2,14). Ebenso sollen es die Eltern (Mt 19,5). Der Ehebund soll ein Abbild des Gottesbundes sein (vgl. 2. Kor 11,2–3). Wie der Gottesbund bedarf der Ehebund des öffentlichen Bundesschlußes, der beide Partner verpflichtet. Heirat ist ein öffentlicher Akt der Verbindlichkeit. Liebe braucht Verbindlichkeit, sonst wird sie unverbindlich. Die Gründung der neuen Gemeinschaftsform wird in der Bibel mit dem Entstehen eines neuen Lebensorganismus beschrieben. »Es werden die zwei ein Fleisch sein« (Mt 19,6). Deshalb ist nach dem Stiftungswort der Ehe, 1. Mose 2,24, das in Matthäus 19,5 von Jesus ausdrücklich wiederholt und bekräftigt wird, die Sexualgemeinschaft an die Ehe gebunden.

Es sage nun keiner: Lieber Liebe ohne Ehe als Ehe ohne Liebe! Das ist eine Alternative zwischen zwei Negativa, zwischen Erkrankungsformen der Liebe oder der Ehe.

3. Weil Kinder unerwünscht sind. Erst die mechanischen und chemischen Verhütungsmittel unserer Zeit, die in gesundheitlicher und ethischer Hinsicht weiterhin fraglich bleiben, haben das freie Sexualverhalten möglich gemacht, in dem für das Kind als natürliche Folge und Ausdruck des Einsseins von Mann und Frau kein Platz ist. Das sollte uns zu denken geben. Die weithin beklagte Kinderfeindlichkeit unserer Gesellschaft nimmt hier ihren Anfang. Von den Erstabtreibungen ganz zu schweigen. Im tiefsten werden Mann und Frau ein Fleisch im Kinde. Ein Kind ist aber in einem vorehelichen Verhältnis unerwünscht. Da stimmt doch etwas nicht! Allein von dem natürlichen Aspekt, daß Kinder eine Folge der geschlechtlichen Gemeinschaft sein dürfen, muß uns doch deutlich werden, daß leibliche Gemeinschaft vor der Ehe nicht möglich ist. Kinder hätten als uneheliche Kinder keinen Status. Sie brauchen aber einen Platz in der Familie und sollen erwünscht sein.

4. Wäre das Beispiel von Maria und ihrem Verlobten Josef nicht nachdenkenswert? In Matthäus 1,18 lesen wir, daß Maria mit Josef verlobt war. Sie war ihm anvertraut. Dennoch kann sie in Lukas

1,34 zu dem Engel sagen: »Ich weiß von keinem Mann«, eine Umschreibung dafür, daß sie noch mit keinem Mann geschlafen hat. Maria und Josef waren verlobt. Dennoch praktizierten sie keine geschlechtliche Gemeinschaft.

Warum noch nicht? – bei Verliebten

Wir müssen noch einmal auf das Stiftungswort der Ehe zurückkommen. Wir sahen: Sexualgemeinschaft ist die Folge von Verlassen- und Anhangenkönnen. Es ist gleichsam der dritte Schritt, der von den beiden vorhergehenden Schritten der Treue- und Liebesfähigkeit abhängig ist. Mann und Frau werden dadurch zu einer neuen Einheit, gleichsam zu einem neuen Organismus, welches die Bibel mit dem Wort »Ein-Fleisch-Werden« zum Ausdruck bringen will.

Letzteres wird nach 1. Korinther 6,16 nun auch von dem vor- und außerehelichen Geschlechtsverkehr gesagt, so daß jede unverbindliche Sexualgemeinschaft innere Verletzungen hervorrufen muß, wenn die Verbindung gelöst und der neue Organismus zerstört wird. Gott möchte uns vor diesen Verletzungen bewahren. Deswegen untersagt er die vor- und außereheliche Sexualgemeinschaft. Besonders die erste geschlechtliche Gemeinschaft ist unvergeßlich. Wir sollen nicht verrohen oder kalt werden, weil wir gar nicht mehr wissen, mit wie vielen Frauen und Männern wir geschlafen haben. Auch Petting ist unter Verliebten nicht am Platz. Petting ist die Vorbereitung zur leiblichen Gemeinschaft und gehört von daher in die Ehe. Wer hier nicht achtsam ist, wirft eine Dynamik an, die ihn überrollen wird.

Die Stellen in der Schrift, die vor dem vor- und außerehelichen Geschlechtsverkehr warnen, sind zahlreich genug. Die Bibel nennt es Unzucht und Ehebruch. Auch im Neuen Testament lesen wir, daß die Unzüchtigen und Ehebrecher vom Gottesreich ausgeschlossen sind (vgl. 1. Kor 6,9–10). In Galater 5,19–21 wird ebenfalls bestätigt, daß sexuelle Zuchtlosigkeit, Unreinheit und Ausschweifung vom Gottesreich ausschließen. Bis zum letzten Buch der Bibel, Offenbarung 21,8 und 22,15 wird betont, daß Gott auf diesem Gebiet keinen Kompromiß kennt. »Draußen sind die Unzüchtigen . . .«

Von Zeit zu Zeit ist zu hören, daß Beischlaf die Ehe konstituiere.

Wer zusammen geschlafen hat, muß auch zusammenbleiben. Nun ist die geschlechtliche Gemeinschaft wohl eines der konstituierenden Elemente der Ehe, aber eben nur eines. Die Bibel spricht in solchen Fällen von Unzucht und noch nicht von Ehe. Allerdings werden die jungen Leute zur Verantwortung gezogen, wie 2. Mose 22,15 beweist. Wenn aber damals der Vater (und heute das Mädchen) sich weigert, konnte keine Heirat stattfinden. Der Brautpreis mußte nach 2. Mose 22 bezahlt werden, denn es war ein Unrecht. Und dieses Unrecht muß auch heute bereinigt und vergeben werden. Aber es mußte nicht geheiratet werden, wenn ein Partner nicht bereit war. Ehe umfaßt mehr als nur den leiblichen Aspekt.

Wiederentdeckung der Keuschheit

In der Bibel begegnen wir einer hohen Wertschätzung der geschlechtlichen Keuschheit und der Jungfräulichkeit.

Es wird das äußere »Zeichen der Jungfräulichkeit«, die Hochzeitsdecke erwähnt, die die leichte Blutung der Hochzeitsnacht aufgefangen hat (5. Mose 22, 15–17). Noch wichtiger aber ist die Herzenshaltung, die dahintersteht, die auf die Ausschließlichkeit der Bindung bedacht ist. Weil es so wichtig ist, gebe ich noch einmal wieder, wie Jörg Zink Jungfräulichkeit beschrieben hat: »Ein Mensch ist gemeint, der nicht alles auf einmal und nicht mehreres nebeneinander will, sondern eines allein, das Wichtige. Eindeutig sein, nur eine Liebe haben, der einen Liebe und dem Schicksal, das in ihr liegt, zugewandt sein, aufgespart für das Große, nicht verbraucht und verschüttet an die kleinen Chancen, nicht jedem Willen gehorsam, auch nicht mehreren, sondern letztlich nur einem, das ist gemeint.«

Nur einen wollen, einen Partner, und sich ihm ganz schenken, ausschließlich sein wollen, wie das befruchtete Ei sich anderen Spermien verschließt; sich und den anderen bewahren wollen: das ist Keuschheit. Sie ist etwas Starkes und Lebenskräftiges, wie an dem Beispiel Josefs in Ägypten deutlich wird. Sie ist etwas Kostbares und Aufgespartes, wie es eine Mutter einmal ausdrückte: »Wir Frauen haben etwas zu verschenken.« Sie ist eine Frucht des Heiligen Geistes (vgl. Gal 5,22).

Jungfräulichkeit und Keuschheit sind kostbar wie ein junger, unberührter Morgen oder eine taufrische Wiese, wie frisches Quellwasser, das wir dem wiederaufbereiteten Wasser vorziehen. Kirschblüte und Apfelblüte sind einmalig im Lebenszyklus des Menschen. Barbara Streisand konnte bedauernd sagen: »Wir haben keine Hochzeitsnächte mehr. Hochzeitsnächte können sehr sexy sein.« Hoch-Zeiten werden in gewöhnlichen Zeiten vorbereitet. Sie heben sich ab wie Feste vom Alltag. Ohne Hochzeiten ist das Leben eintönig.

Das entscheidende Argument

Das überzeugendste Argument für die Enthaltsamkeit vor und außerhalb der Ehe aber ist vom Wesen des christlichen Glaubens bestimmt. Wie die geistliche Keuschheit im Verhältnis zu Gott es nicht zuläßt, mehrere Götter zu haben, sondern Gott mit ganzem Herzen lieben möchte, so erträgt auch die Keuschheit im zwischenmenschlichen Verhältnis nicht viele Männer und Frauen, sondern möchte dem einen Partner mit ungeteilter Liebe anhangen. Die Gottes- und Nächstenbeziehung entsprechen einander. Die Monogamie (Ehe mit einem Partner) ist im Monotheismus (Glaube an einen Gott) verankert, wie es in 2. Korinther 11,2–3 ausgedrückt ist: »Ich habe euch verlobt mit einem *einzigen* Manne, daß ich Christus eine *reine Jungfrau* zuführte. Ich fürchte aber, daß wie die Schlange Eva verführte mit ihrer List, so auch eure Gedanken verkehrt werden hinweg von der Ausschließlichkeit und *Keuschheit gegenüber dem Christus.*«

Ein status confessionis

Die Einstellung zum Sexualverhalten ist gleichsam zu einem Bekenntnisstand, zu einem status confessionis geworden, so wie Paulus in 1. Thessalonicher 4,3–8 an der Sexualethik Christen und Nichtchristen unterscheidet. Nichtchristen, »die von Gott nichts wissen«, lassen sich von ungezügelter Leidenschaft bestimmen. Sie leben in freier Liebe und in vielen Verbindungen. Die Bibel bezeichnet das als »Unzucht«. Christen ringen um die eine Frau und um den einen Mann (Singular!) in der Achtung vor dem Schöpfer und voreinander, ohne unverantwortliches Eindringen in den Persönlichkeitsbereich des andern. Gott wacht über unser Sexualverhalten: »Er ist ein Vergelter von dem allen« (1. Thess 4,6), und wir setzen den Heiligen Geist in uns aufs Spiel (V. 8), wenn wir seine Anweisung verachten. Die Bibel läßt keinen Zweifel darüber zu, daß Sexualgemeinschaft Gottes Gabe für die Ehe ist. Wird sie vor der Ehe vollzogen, bedroht sie die Ehe.

Zur Freiheit berufen

Christen sind zur Freiheit berufen. Christus befreit uns vom Zwang der Sexualbefriedigung. Er hat das knechtische Joch zerbrochen! So müssen wir Galater 5,1 aktualisieren. Hier ist Hoffnung, denn unser Gott ist ein »Gott der Hoffnung« (Röm 15,13). Diese Hoffnung gilt es festzuhalten.

VII. Hilfen zur Entwicklung der Gemeinschaftsfähigkeit

»Der Vater hat den Sohn lieb und zeigt ihm alles.«
Johannes 5,20

Das Höchste und Hilfreichste, was je über den Menschen ausgesagt wurde und ausgesagt werden kann, steht ganz am Anfang der Bibel, in der Schöpfungsgeschichte. Gott offenbart uns da seinen Meisterplan bei der Erschaffung des Menschen: »Lasset uns Menschen machen, ein Bild, das uns gleich sei« (1. Mose 1,26–28). Wir sind kein Zufallsprodukt der Evolution. Gott selbst hat uns geplant und erschaffen nach dem Vor-Bild des dreieinigen Gottes. Es ist kein einfacher Pluralmajestatis, dieses »Lasset uns machen . . .«; hier leuchtet das Geheimnis der Dreieinigkeit auf.

Und das Tröstlichste, was über den Menschen gesagt wurde, nachdem er in die Irre ging und den ursprünglichen Plan zerstörte: »Gott nahm den Ton von neuem und machte ein neues Gefäß daraus« (Jer 18). Von neuem sind die wunderbaren Hände des allmächtigen Schöpfers am Werk bei der Neuschöpfung in Christus: »Ist jemand in Christus, so ist er eine neue Kreatur, eine neue Schöpfung, das Alte ist vergangen.« Gott verhaftet uns nicht auf die Scherben, die wir angerichtet haben! – »Neues ist im Entstehen!« (2. Kor 5,17). Und das wieder in Zielrichtung auf Gottesebenbildlichkeit: »daß sie gleich sein sollten dem Ebenbild seines Sohnes« (Röm 8,29), in dem »die ganze Fülle der Gottheit leibhaftig wohnt« (Kol 2,9).

Die Trinität aber ist das Vorbild vollkommener Gemeinschaft. Darum lohnt es sich, im Blick auf Gemeinschaftsfähigkeit über das Ebenbild nachzudenken, nachdem wir geschaffen wurden.

In der Trinität finden wir
1. unauflösbare Zugehörigkeit

2. unverwechselbare Individualität
3. Gegenseitige Achtung und liebevolle Zuneigung
4. Kommunikation und Kooperation
5. Hilfe zur Wiederherstellung zerstörter Gemeinschaft.

Unauflösbare Zugehörigkeit

Gott lebt in vollkommener Gemeinschaft. Unser Gott ist kein höchstes Prinzip, nicht der einsame Uralte. Es ist der dreieinige Gott; Vater, Sohn und Geist in ewiger und vollkommener Gemeinschaft. Das grundlegende Element dieser Gemeinschaft ist Dauer. Die Gemeinschaft von Vater, Sohn und Heiligem Geist besteht von Ewigkeit zu Ewigkeit.

Satan ist aus der Gemeinschaft mit Gott ausgebrochen. Deswegen haßt und neidet er jede Form aufbauender und wahrhaftiger Gemeinschaft. Jesus nennt ihn »einen Mörder von Anfang, in dem keine Wahrheit ist« (vgl. Joh 8,44). Er ist der Verkläger der Brüder, der die ganze Welt verführt (vgl. Offb 12,9–10). Sein Geist und seine Werke sind gemeinschaftszerstörend, wie Paulus in Galater 5,19–21 ausführt. Als Folgen einer widergöttlichen Gesinnung zählt er u. a. »Unzucht, Ausschweifung, Feindschaft, Hader, Eifersucht, Zorn, Zank, Zwietracht, Spaltungen, Neid« auf.

Demgegenüber wirkt der Geist Gottes gemeinschaftsfördernd. Er erschließt uns die Erlösung vom gemeinschaftszerstörenden Egoismus im Kreuz Jesu und fügt uns als Glieder in den Leib Christi ein (vgl. 1. Kor 12,13). Der Heilige Geist schafft die Gemeinschaft der Heiligen, wie wir im Glaubensbekenntnis bekennen. Die Früchte des Geistes »Liebe, Freude, Friede, Geduld, Freundlichkeit, Gütigkeit, Glaube, Sanftmut, Keuschheit« in Galater 5,22 sind allesamt gemeinschaftsfördernd.

Auch der Mensch wurde zur Gemeinschaft erschaffen. Darum betont Gott: »Es ist nicht gut, daß der Mensch allein sei; ich will ihm eine Gehilfin schaffen, die um ihn sei« (1. Mose 2,18). Und er stiftet die Ehe als unauflösbare Gemeinschaftsform (1. Mose 2,24). Auch in dieser Beziehung ist Dauer, ist unverbrüchliche Zugehörigkeit ein unerläßliches Element. Gemeinschaft kann ohne Dauer, ohne Treue nicht sein. Sie braucht Verbindlichkeit und

Verläßlichkeit. Das aber ist für den Menschen des Sündenfalls eine Überforderung. Darum bietet Gott sich selbst als stabilisierenden Faktor dieser Gemeinschaft an. »Es ist besser zu zweien als allein ... und eine dreifache Schnur reißt nicht leicht entzwei« (Pred 4,9.12): ein versteckter Hinweis auf die Gegenwart Gottes im Ehebund, der in Sprüche 2,17 auch »der Bund ihres Gottes« genannt wird. In Maleachi 2,14 bezeichnet Gott sich als Zeuge des Bundes zwischen Mann und Frau. Die Gegenwart seines Geistes bewahrt vor Treulosigkeit: »Nicht einer hat das getan (nämlich die Treue gebrochen), in dem noch ein Rest von Geist war« (V. 15); denn »Gott haßt Scheidung« (so V. 16 in einer Lesart, die u. a. in der englischen und indonesischen Übersetzung aufgenommen ist). »Was Gott zusammengefügt hat, soll der Mensch nicht scheiden«, bekräftigt Jesus (Mt 19,6). Scheidung entspricht nicht dem Vor-Bild des Menschen, der unzerstörbaren Gemeinschaft des dreieinigen Gottes. Darum zerstört sie auch das Ebenbild, den Menschen, und zwar nicht nur die beiden unmittelbar Betroffenen.

»Nicht einer hat das getan, in dem noch ein Rest von Geist ist, denn er sucht Nachkommen, die Gott geheiligt sind« (Mal 2,15). Ehescheidung schädigt vor allem die Nachkommen. Sie entwickelt zerstörerische Kräfte, ähnlich wie Kernspaltung. Oft werden dadurch die Kinder bindungsunfähig, gemeinschaftsgestört, geschädigt in diesem Aspekt ihrer Gottesebenbildlichkeit. Solche Schädigung kann sich notvoll auswirken durch Generationen. Wie dankbar werden wir im Blick auf die schwerwiegenden Folgen solcher Zerstörung für Gottes barmherziges Angebot von Erlösung, Neuschöpfung und Wiederherstellung in Jesus Christus. Dafür, daß Gott Vergebung anbietet und auf dem Grund seiner Vergebung Ehepartner einander und Kinder ihren Eltern vergeben können. Dadurch wird der Schaden überwunden, und auch die Kinder können von neuem gemeinschaftsfähig werden. Wir dürfen uns aber durch die Gnade Gottes, die uns angeboten ist, diese notvollen Umwege ersparen. Treue ist möglich, wo Gott im Bunde ist. Treue ist beglückend für die Ehepartner und für die Kinder ist sie die beste Mitgift: Kinder, die ihre Eltern in guten und bösen Tagen zueinanderstehen sehen, werden gemeinschaftsfähig.

Unverwechselbare Individualität

Unverwechselbare Individualität der drei Personen: das ist eine weitere Eigenschaft unseres Vor-Bildes. Es gibt tatsächlich in der Trinität keinen Rollentausch. Der Vater ist von Ewigkeit zu Ewigkeit der Vater, der Planende, Bestimmende. Und der Sohn ist und bleibt Sohn, von Ewigkeit zu Ewigkeit. Horchend und ge-horchend hat er teil am Willen und Wirken des Vaters in der Schöpfung und Erhaltung des Universums. Er führt den Plan des Vaters aus in der Erlösung, tut, was dem Vater selbst unmöglich ist, in seiner Menschwerdung, seinem stellvertretenden Sterben. Auch der Geist ist unverwechselbar Person, von Ewigkeit zu Ewigkeit. Er hat Teil an der Schöpfung: der Geist Gottes schwebte über dem Wasser (1. Mose 1,2). Er hat Teil an der Erlösung: der Geist in Gestalt einer Taube kam auf Jesus bei der Taufe und stärkte ihn zu seinem Werk (Mt 3,16). Nun aber führt er das Erlösungswerk Jesu fort in dieser Welt. Welch ein Vorbild harmonischer Gemeinschaft in der Zusammenarbeit! Es gibt kein Verdrängen, keine Rivalität, kein Neiden. Jeder hat seine Eigenart, seine Bestimmung ange-nommen, die Würde und die Bürde. Jesus hat seinem Vater nie vor-geworfen, daß er ihn dazu ausersehen hatte, Niedrigkeit, Schmach und Kreuz zu tragen. Aber war es wirklich leichter, als Vater den geliebten Sohn so leiden zu sehen? Der Heilige Geist stellt sich selbst ganz in den Hintergrund und sieht seine Aufgabe darin, Je-sus zu verherrlichen. Jede Person der Trinität ist sich selbst treu, hat sich und ihre Aufgabe ganz angenommen. Welch ein hilfrei-ches Modell, um Selbstannahme zu lernen! Unser Ja zu dem, wozu Gott uns geschaffen hat: zum Mannsein, zum Frausein, zu unseren Gaben und Grenzen. Unser Ja zu dem, wozu er uns bestimmt hat: zur Ehe, zum Ledigsein, zum Hausfrau- und Muttersein, zu unse-rem Beruf. Ja mehr noch: unser Glaubensmut zu dem, was wir ge-worden sind; obwohl dahinein viel eigenes Versagen geflossen ist, wohl auch Zerstörung des ursprünglichen Planes Gottes. Wie kann es uns aufs Herz fallen: die verlorenen Jahre, das vergebliche Werk, das was wir schuldig geblieben sind unseren Kindern, dem Partner, Eltern oder anderen Menschen, oder wo wir aus eigenem Versagen scheiterten. Dann zur Selbstannahme zu finden, dazu gehört Glaubensmut: daß der, der mich geschaffen hat, auch mein

Erlöser und Heiland ist, der mich neu schafft zu einem zweiten, wunderbaren Gefäß, in dem all das notvolle Versagen zum Guten umgestaltet wird. Welch eine Verheißung: »Die Jahre, deren Ertrag die Heuschrecken gefressen haben, will ich euch erstatten« (Joel 2,25). Oder der wunderbare Zuspruch Gottes für die einsame Frau, die in Selbstanklage und Anklage zu verbittern droht, weil der ursprüngliche Plan Gottes für ihr Leben verfehlt, versäumt erscheint durch eigenes Versagen oder anderer Menschen Schuld: »Rühme, du Unfruchtbare, die du nicht geboren hast! . . . Mache den Raum deines Zeltes weit! . . . Fürchte dich nicht, denn du sollst nicht zuschanden werden . . . Du sollst die Schande deiner Jugend vergessen und der Schmach deiner Witwenschaft nicht mehr gedenken. Denn der dich gemacht hat, ist dein Mann . . . und dein Erlöser ist der Heilige Israels . . . Ich habe mein Angesicht im Augenblick des Zorns ein wenig vor dir verborgen, aber mit ewiger Gnade will ich mich deiner erbarmen, spricht der Herr, dein Erlöser« (Jes 54,1–10). Seine Erlösung reicht so tief, daß sie sogar die Spuren der Verfehlung unserer Väter, die unser Leben notvoll beeinflußt haben, tilgen kann: »Erlöst nicht mit vergänglichem Silber oder Gold, sondern mit dem teuren Blut Christi vom eitlen (vergeblichen) Wandel nach der Väter Weise« (1. Petr 1,18). Das alles müssen wir zusammen sehen, um den Glaubensmut zur Selbstannahme zu finden.

Eine Frucht dieser Selbstannahme ist Zufriedenheit. Wir können Frieden machen mit uns selbst und anderen. Eine andere ist Bescheidenheit. Wie der Sohn sich damit beschieden hat, Sohn zu sein – und darin überströmenden Segen erfuhr –, so können auch wir uns bescheiden mit der Rolle, die Gott uns zugedacht hat und damit frei werden vom Erraffen-Wollen zum Verströmen unseres Lebens. Eine andere Frucht der Selbstannahme ist Barmherzigkeit uns selbst und anderen gegenüber. Oft sind wir ja uns selbst die schlimmsten Sklaventreiber: wir fordern uns und klagen uns selbst an und ein. Gott aber möchte uns barmherzig machen, daß wir uns selbst und unseren Partner, unsere Mitarbeiter nicht ständig unter Druck setzen. Hier können wir lernen, unsere eigenen Grenzen und auch die Begrenzungen unseres Gegenübers zu akzeptieren. In dankbarer Bescheidenheit lernen wir, daß wir ein kleiner, aber kostbarer und unaustauschbarer Stein in Gottes wunderbarem

Puzzle sind. Wie störend ist es, wenn aus dem schönsten Puzzle ein Steinchen verlorengeht: das fehlt uns! So kostbar sind wir Gott. Aber ein Puzzlestein muß sich auch einfügen lassen an dem Platz, der ihm zugedacht ist: da paßt er hinein, da kann er sich wohlfühlen, da würde er fehlen und den Plan zerstören. Wenn wir uns so begreifen, können wir uns auch als von Gott Zusammengefügte annehmen; nicht nur in der Ehe, auch in der Gemeinde, an unserer Arbeitsstelle, können unseren Beitrag einbringen und uns des andern ohne Neid erfreuen.

> »Laß mich mit Freuden, ohn alles Neiden
> sehen den Segen, den du wirst legen
> auf meines Bruders und Nähesten Haus.«
> (Paul Gerhardt)

Da sind wir auch schon beim dritten Punkt:

Gegenseitige Achtung und liebevolle Anerkennung

Gegenseitige Achtung und liebevolle Anerkennung ist die Grundstimmung in der Trinität. Eine Person achtet die andere, jeder erkennt den anderen an und drückt diese Anerkennung auch aus. Wie wohltuend ist es, wenn immer wieder an kritischen Stellen seiner Sendung der Vater dem Sohn Zuspruch schenkt: »Du bist mein lieber Sohn, an dem ich Wohlgefallen habe.« So nach seiner Taufe, durch die sich Jesus identisch erklärt mit der sündenbeladenen Menschheit (vgl Mt 3,17) und vor dem schwersten Stück des Leidensweges, vor Gethsemane (vgl. Lk 9,31.35): Achtung und liebevolle Anerkennung stärken ihn für seine Mission. Das hat Gott auch uns zum Ziel gesetzt: »In Demut achte einer den anderen höher als sich selbst« (Phil 2,3).

Das ist aber nicht unsere natürliche Ausstattung. Dieser begegnen wir eher im Persönlichkeitskult der Klassik oder heute in Reinkultur in der Forderung nach Selbstverwirklichung – auch auf Kosten der anderen. Ich fordere Anerkennung meiner Rechte, meiner Vorlieben – auch in der Ehe. Angefangen von der Einteilung meiner Zeit oder meines Geldes bis hin zur Kindererziehung: meine Ansichten sind zu respektieren, die des anderen sind uninteressant, verfehlt, zumindest störend. Es gibt nichts Destruktiveres im menschlichen Miteinander, als wenn einer sich selbst zu behaupten sucht und am anderen ständig herumkritisiert. Herabziehende Worte, eine Haltung, die Geringschätzung, Verachtung oder auch Langeweile ausdrückt, sind tödlich. Darum radikalisiert Jesus das Gebot »Du sollst nicht töten« und sagt: »Wenn du deinen Bruder einen Narren nennst, so bist du des höllischen Feuers schuldig« (Mt 5,22).

Gegenseitige Achtung und Anerkennung muß zuerst in unseren Ehen zu finden sein, ehe wir sie anderen, unseren Kindern vermitteln können. Unser Partner braucht unser Mittragen, wo ihm etwas schwer wird, unsere Ermutigung, wo er an sich selbst zweifelt. Unsere Kritik oder herabziehenden Bemerkungen lähmen ihn. Notvoll wird es, wenn angeschlagenes Selbstwertgefühl sich darin ausdrückt, daß es sich immer wieder durch Erniedrigung des anderen Bestätigung zu verschaffen sucht. Hier kann der Teufelskreis im Grunde nur durchbrochen werden, wenn der Leidende aus der Kraft des Geistes Jesu heraus den »segnet, der ihm flucht« (1. Petr 3,9), d. h. ihn durch segnendes Gebet und überwindende Liebe in den Wirkungsbereich der Erlösungskraft Jesu bringt. In der Erziehung unserer Kinder aber wollen wir uns zu Herzen nehmen, daß Anerkennung und Ermutigung viel wirkungsvollere Mittel sind als Tadel und Kritik.

Kommunikation und Kooperation

Vater und Sohn sind in inständigem Gespräch miteinander. Schon vor Sonnenaufgang stand Jesus auf, um ungestört mit dem Vater reden zu können. Vor der Erwählung der Jünger betete er eine ganze Nacht. Immer wieder vor seinen Wundern suchte er den Kontakt zu seinem Vater: vor der Speisung der 5000, vor der Auferweckung des Lazarus; auch vor seinem Leiden. Da ist ständige Verbindung miteinander, auch Augenkontakt. Das soll ja auch unser Erbteil sein: »Ich will dich mit meinen Augen leiten« (Ps 32,8). – »Meine Augen sehen stets auf den Herrn« (Ps 25,15), so wie guterzogene Kinder mit ihren Eltern Augenkontakt halten, einen Blick zu deuten wissen und darauf reagieren.

Sprüche 8,22 ff schenkt uns einen kostbaren Einblick in das himmlische Zuhause Gottes. Hier dürfen wir zuschauen, wie der Vater den Grund legte für die enge Verbindung zu seinem Sohn. Jesus begegnet uns hier als die Weisheit, als Liebling Gottes (vgl. 1. Kor 1,30). »Der Herr hat mich schon gehabt am Anfang seiner Wege. Ehe er etwas schuf, von Anbeginn her ... Als er die Grundfeste der Erde legte, da war ich als sein Liebling bei ihm. Ich war seine Lust täglich und spielte allezeit vor ihm. Ich spielte auf dem Erdkreis und hatte meine Lust an den Menschenkindern.« Ein wunderbares Vorbild für unsere Beziehung zu unseren Kindern. Während der komplizierten Schöpfungsarbeit des Vaters – welche Berechnungen waren nötig, bis die Planeten ihre geordneten Kreise zogen und bis in den Atomkern hinein alles stimmte! – hatte der Sohn Platz zu seinen Füßen. Er durfte um ihn herum spielen, das gab ihm die Gewißheit: mein Vater liebt mich, er hat Freude an mir, ich bin sein Liebling! Da wurde die Vertrauensbasis gelegt. Da wurde der Sohn motiviert. Hier wuchs im Herzen des Geliebten Liebesfähigkeit, die ihn später befähigte, ja zu sagen zu den Opfern des Erlösungsweges. Später sagt Jesus von sich: »Der Sohn tut nichts, als was er den Vater tun sieht« (Joh 5,19). »Die Welt soll erkennen, daß ich den Vater liebe und tue, wie mir mein Vater geboten hat« (Joh 14,31). Kommunikation, Kooperation!

Hier wird ein notvolles Kapitel in unseren Ehen und Familien angesprochen. Wir haben keine Zeit, oder wir haben nicht das tiefe Vertrauen zueinander, um über alles miteinander zu reden. Wenn man aber nicht kommunizieren kann, ist es sehr schwer zu kooperieren. Wie oft sind Frauen verletzt, weil ihr Mann etwas beschlossen hat und bei der Ausführung ihre Mitarbeit erwartet, ohne sie in die Planung einbezogen zu haben. Oder ein Vater wird ärgerlich, weil zwischen Mutter und Kindern Dinge laufen, über die er nicht informiert wurde. In der Erziehung wirkt sich Mangel an Kommunikation zwischen den Eltern besonders notvoll aus. Wie soll sich ein Kind mit den Eltern identifizieren und zum Gehorsam finden, wenn Vater und Mutter sich nicht einig sind.

Hilfe zur Wiederherstellung zerstörter Gemeinschaft

Wie aber kommen wir dahin, wenn es uns selbst einfach nicht gelingt? – Ja, eben dazu dürfen wir zurückgreifen auf die Hilfe des Dritten im Bunde und im Gebet seine Hilfe erbitten. Denn auch in die Not zerstörter Gemeinschaft hat Gott sich herabgelassen, als Jesus am Kreuz aufschrie: »Mein Gott, mein Gott, warum hast du mich verlassen?« (Mt 27,46) Als die Sünde der Welt auf ihn gelegt wurde und der Vater deshalb sein Angesicht von ihm abwandte, da ging auch er durch die trostlose Verlassenheit, die so oft Teil unseres Lebens ist. Doch er gab nicht auf, er ließ sich nicht in stumme Verzweiflung fallen, in Verbitterung oder Unglauben. Auch im Verlassensein, in der scheinbaren Sinnlosigkeit, in der Ferne und im Schweigen des Vaters hielt er an der Gemeinschaft fest: »MEIN GOTT, MEIN GOTT!« Keine Ablehnung, kein trotziges Sich-abwenden, aber die Frage »Warum« in die richtige Richtung! Und dann nicht Auflehnung und Verbitterung, sondern vertrauensvolle Hingabe: »Vater, in deine Hände befehle ich meinen Geist!« (Lk 23,46).

Jede Gemeinschaft in dieser Welt ist störungsanfällig. Das ist biblischer Realismus. Wir sind anfällig für die Sünde, und Sünde schafft Abgründe. Sie ist der Sund, der den einen vom anderen trennt. Aber wir brauchen nicht aufzugeben, denn Jesus ist in diesen Abgrund hinuntergestiegen, er hat die Brücke geschlagen. Er hat Vergebung erwirkt, damit wir unsere Schuld vergeben lassen und lernen können zu vergeben. Vergebung ist die Brücke, die über den Abgrund reicht. Erlernen müssen wir aber die Bitte um Vergebung auch da, wo wir unseren Schuldanteil als nur 5 %ig einschätzen. Wir müssen lernen, auch im Verletztsein uns nicht abzuwenden, sondern auf unseren Partner zuzugehen: »Bitte, vergib mir meine verkehrte Reaktion, mein Eingeschnapptsein, meinen Trotz, Verbitterung oder Verzagtsein.« Wo wir uns zu unseren 5 % stellen und nicht mehr die 95 % unseres Partners einklagen, da kann Gott uns helfen, die Brücke zu bauen. Dazu gehört auch, daß wir das Verpflichtetsein zur Vergebung annehmen, denn dem, der an uns schuldig wurde, nicht vergeben zu wollen, ist lebensgefährlich. »Wenn ihr aber dem Menschen nicht vergebt, so wird euch euer Vater eure Übertretung auch nicht vergeben« (Mt 6,15). Unversöhnlichkeit schließt uns aus dem Reich Gottes aus. Wo wir aber lernen, die Bitte um Vergebung auszusprechen, und dem Nächsten zu vergeben, da kann auch zerstörte Gemeinschaft wiederhergestellt werden.

VIII. Das gemeinsame Gespräch

»Wenn wir aber im Licht wandeln, wie er im Licht ist, so haben wir Gemeinschaft untereinander.«
1. Johannes 1,7

Wir haben einen Gott, der sich mitteilt, einen kommunikativen Gott. Liebe drängt auf Kommunikation. Gott teilt sich uns durch seine Werke mit, in der Schöpfung und in der Geschichte. Wie fesselnd ist sein Handeln in geschichtlichen Abläufen! Wie faszinierend sind die Forschungsergebnisse der modernen Naturwissenschaften! Und wie erquickend ein Gang durch die erwachende Natur im Frühling! Und dennoch war es Gott nicht genug, sich durch seine Taten mitzuteilen. Er hat das Wort als Kommunikationsmittel so wichtig genommen, daß er seinen Sohn Jesus das Wort nennt (vgl. Joh 1,11 und Offb 19,13). Wir haben einen redenden Gott.

Gabe und Aufgabe des Wortes

Weil der Mensch zum Ebenbild Gottes geschaffen ist, ist er auch zum Reden geschaffen und benötigt es, sich mitzuteilen.

Wenn wir Menschen etwas von unserer göttlichen Ebenbildlichkeit verstanden haben, werden wir uns auf Kommunikation einstellen. Mir hat das sehr geholfen. Männer scheinen einsilbiger zu sein. Im Schnitt kommen Männer mit weniger Worten aus als Frauen. Deswegen müssen wir uns im Wortgebrauch schulen. Ich meine nicht die Diskussion und das Durchsetzen von Positionen. Ich meine die Übung in dem mutmachenden und anerkennenden Wort, in dem lebendigen und liebevollen Wort. Wir haben einen Gott, der spricht, und er möchte Geschöpfe haben, die im Dialog leben mit ihm und miteinander.

Hier wird sich die Erlösung dahingehend auswirken, daß ein Mensch im guten Sinne gesprächig und mitteilsam wird. Paulus erwähnt eine Gemeinde – es war Korinth –, in der es sehr lebhaft und gesprächsfreudig zuging. Sie waren von den »stummen Götzen« (1. Kor 12,2) befreit worden und in Jesus Christus einem Gott begegnet, der lebt und redet. Ich meine, uns sollte eine viel tiefere Dankbarkeit gegenüber dem Schöpfer des Wortes ergreifen, der die Welt durch sein Wort geschaffen hat: Dankbarkeit darüber, daß er uns anredet und das Gespräch mit uns sucht; Dankbarkeit, daß wir einander anreden und uns mitteilen können; Dank für das Geschenk des Wortes.

Wir sollten uns auch bemühen, an unserer Sprache zu arbeiten, um uns ausdrücken zu können. Ich gehörte nie zu denen, die gute Aufsätze schreiben konnten und habe andere beneidet, denen sie aus der Feder flossen. Man kann aber an seiner Sprache arbeiten. Man kann seine Sprache lebendig und auch gesund werden lassen. Von Jesus heißt es, seine Worte waren Geist und Leben (Joh 6,63). Seine Worte hatten schöpferische Kraft und waren geistgefüllt. So lernen wir im Umgang mit Jesus Worte richtig einzusetzen, weil wir erfahren haben, was Worte bewirken und wie treffend sie sein können. Wer viel in der Bibel liest, dessen Sprache wird sich verändern, wird klarer, treffender, heilsamer und hilfreicher werden.

Zuhören und Verstehen – ein Dankgebet

»Danke Herr, daß wir als Liebende miteinander sprechen können; danke für das Geschenk der Worte!

Danke, daß du uns einander geschenkt hast und daß wir Hoffnungen und Pläne, Probleme und Ängste miteinander teilen können. Danke für die Zusage, daß in der Liebe keine Furcht ist. Dadurch können wir vollkommen ehrlich und ganz wir selbst sein. Wir brauchen nicht zu befürchten, daß unser Ehepartner uns ablehnt oder sich über uns lustig macht.

Danke, daß du uns erfahren läßt, wie wichtig das Zuhören ist; mit dem Herzen und nicht nur mit den Ohren. Und wenn in manchen Situationen die Worte fehlen, dann kann die Liebe so vieles nur durch ein Lächeln ausdrücken: Ich trage dies mit dir! – Du machst deine Sache gut!

Danke, daß du uns gezeigt hast, wie wichtig Geduld ist – etwa um Meinungsverschiedenheiten so ausführlich zu besprechen, daß beide Ansichten berücksichtigt sind. Danke, daß du den gesprächigen Partner lehrst, sich kurz zu fassen, und den ruhigen ermutigst, sich zu äußern.« (aus: Ehe – das große Geschenk)

1. Die kommunizierenden Röhren

Die Wichtigkeit der Gesprächs- und Hörbereitschaft sollen die folgenden Schaubilder unterstreichen.

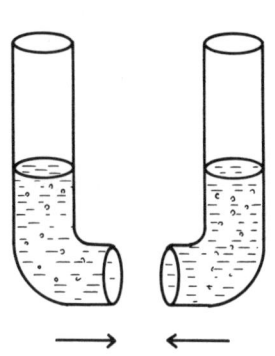

Die Aufgabe

Vielleicht erinnern wir uns an das Beispiel von den kommunizierenden Röhren aus dem Physikunterricht, die unter dem sanften Druck der Luft um Ausgleich ihrer Inhalte bemüht sind, sofern sie miteinander verbunden sind und miteinander kommunizieren können.

An diesem Beispiel läßt sich einiges lernen. Liebe drängt auf Kommunikation. Was mein ist, das ist dein, und was dein ist, das ist mein. Das ist die Sprache der Liebe (Hld 2,16). Wir gehören einander, und es soll sich darin ausdrücken, daß ein Austausch der Herzensinhalte stattfindet. In der Begegnung von Mann und Frau muß die Kommunikation gelernt werden.

2. Die trennende Scheidewand

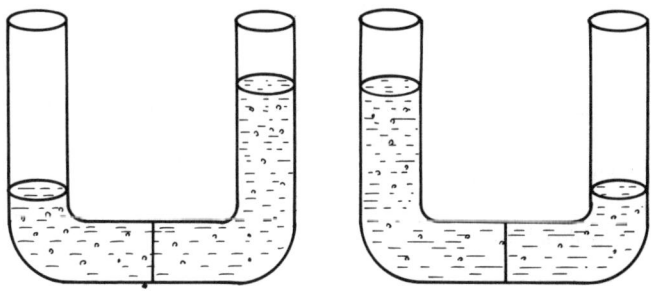

In der Ehe kommen sozusagen die beiden Hälften der Röhren zueinander, und es hängt alles davon ab, ob es gelingt, die Scheidewand an der Nahtstelle, dieses feine Membran des Selbstschutzes, in der Mitte des »U« zu durchstoßen. In der Begegnungsmitte liegt der kritische Punkt. Hier wird entschieden, ob Vertrauen aufgebaut und ein Austausch der Inhalte vollzogen werden kann. Gelingt es nicht, die trennende Wand der Furcht und Scheu oder des Eigenbrötlertums zu beseitigen, wird jeder sein eigenes Leben leben, obwohl man verheiratet ist. Es ist der Sinn einer intensiven Verlobungszeit, einander von innen kennenzulernen. Was ein junges Paar uns ehrlich zugab, wird heute von vielen erlebt, die sehr schnell auf leibliche Nähe drängen: »Sehr schnell waren wir uns leiblich vertraut, aber innerlich trennten uns Welten.« Sexualität entwickelt bekanntlich eine Eigendynamik. Wer zu schnell in leibliche Vertrautheit vorstößt, wird nicht mehr bremsen können und sucht die leibliche Gemeinschaft auf Kosten der seelischen und geistlichen. Dann spricht man nicht mehr miteinander und wartet nur darauf, daß man miteinander schlafen kann. So wird die große Chance, sich durchs Gespräch innerlich kennenzulernen, verspielt.

3. Die gelungene Kommunikation

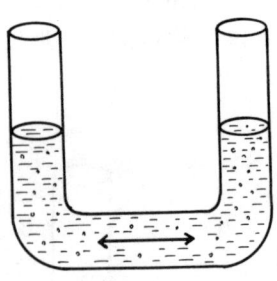

Ist die Wand der Undurchsichtigkeit und Furcht voreinander abgebrochen und Vertrauen und Offenheit aufgebaut, dann kehrt Friede ein, wie wir in Epheser 2,14 in Zusammenhang mit dem Gesetzes- und Feindschaftszaun lesen, und die Kommunikation ist gelungen. Beide geben einander Anteil an dem, was im eigenen Herzen vorgeht. Die Trennung ist überwunden. Beide sind gleich arm und gleich reich. Wenn du ein Hoch erlebst, freue ich mich mit. Wenn du weinst, fühle ich mit (vgl. Röm 12,15). Sie können sagen: Alles, was mein ist, das ist dein.

Das Wort als Same

Jesus hat in seinen Gleichnissen das göttliche Wort mit einem Samen verglichen. Nach 1. Petr 1,23 trägt es die Kraft zur Neuschöpfung und Hoffnung in sich. Mir ist an diesem Bilde deutlich geworden, wie es in unserem Leben zur Frucht kommen kann, und wie sich Frucht von Erfolg unterscheidet. Erfolg muß keine Frucht bedeuten. Erfolg kann uns sehr leer lassen, ungesättigt und unbefriedigt. Wenn es zur Frucht kommen soll, muß eine Befruchtung stattgefunden haben, muß mein Leben befruchtet worden sein von dem »unvergänglichen Samen des lebendigen Wortes Gottes« (1. Petr 1,23). Nur so kommt Leben und Ewigkeitsperspektive in mein Dasein hinein.

Wir bekommen Anregungen und Impulse durch das göttliche Wort. Der Dialog zwischen Mann und Frau soll widerspiegeln, was sie von Gott empfangen haben. Er soll ein Gespräch des Herzens werden und nicht ein Kampf des Mundes. Das Gespräch des Herzens kann ehrlich sein, weil Wahrheit und Liebe sich paaren. Im Gespräch sollen »Güte und Wahrheit sich begegnen und Gerechtigkeit und Friede sich küssen«, wie es das Psalmwort sagt (Ps 85,11).

Die Anregung der Frau

Heinrich Thiersch, ein Theologe des ausgehenden 19. Jahrhunderts, hat einen originellen Satz geprägt. Nach ihm ist das Verhältnis von Mann und Frau im seelischen Bereich entgegengesetzt zum leiblichen Bereich. Im leiblichen Bereich sei die Frau die Empfangende. Sie empfängt den Samen und trägt das Kind aus, bis es geboren wird. Im seelischen Bereich sei es gerade umgekehrt, da gäbe die Frau häufig die Anregung, »den Samen«, und der Mann gehe schwanger und habe die Idee auszutragen.

Deswegen sollten wir uns vor einer Sterilisation im Austausch miteinander bewahren. Wir verarmen, wenn hier keine Kinder mehr geboren werden können, keine Ideen mehr zur Welt kommen und geschaffen werden, weil wir nicht miteinander kommunizieren. Das Wort als Same befruchtet die Gemeinschaft zwischen

Mann und Frau. Es bedarf aber im seelischen Bereich eines ebenso liebevollen Umgangs miteinander wie im leiblichen Bereich, einer Fähigkeit im Werben und Einpflanzen des geistigen Samens. Und noch ein wichtiger Hinweis: Ebensowenig wie ein Mann nach einer Liebesnacht am nächsten Tag ein Kind auf dem Tisch des Hauses erwarten darf, genauso geduldig sollte eine Frau sein: bereit zu wiederholten Gesprächen und bereit, ihrem Mann Zeit zu geben, einen Gedanken auszutragen. Es werden nicht immer neun Monate nötig sein! Aber es braucht Zeit, einer Idee Leib und Blut zu geben. Ungeduld kann den Partner ins Schweigen treiben. Wir aber wollen füreinander dasein, nicht bevormundend und fordernd, sondern mittragend und fördernd.

Wir brauchen Ergänzung

Ich zitiere ein sinniges Wort der Bibel: »Ein jeder hat zuerst in seiner Sache recht; kommt aber der andere zu Wort, so findet's sich« (Spr 18,17). Wir können von der Richtigkeit einer Meinung hundertprozentig überzeugt sein – wenn aber der andere zu Wort kommen darf, dann sieht es bald anders aus! Wir brauchen die Ergänzung durch den Partner, um vor Trug- und Fehlschlüssen bewahrt zu bleiben. Mit Absicht hat Jesus seine Jünger zu zweit ausgesandt. Mit Absicht sind Ehepaare in eine Zweierschaft gestellt. Wir brauchen die Ergänzung. Wohl uns, wenn uns dieser Sachverhalt einsichtig geworden ist, wenn wir uns dankbar der Ergänzung geöffnet haben! Wohl uns, wenn wir Partner haben, die Meinungen durchdenken und zu Problemen ihre eigene Meinung ins Gespräch bringen können! Wir brauchen es. Es gibt in der Zweierschaft der Ehe vier Augen zum Beobachten und vier Ohren zum Hören. Aber es gibt auch zwei Münder zum Reden und zwei Herzen, die schlagen. »Und wes das Herz voll ist, des geht der Mund über« (Mt 12,34).

Liebe und Wahrheit bedürfen des Wortes

Ohne Verbindung mit dem Wort bleiben Liebe und Wahrheit abstrakte Begriffe. Wir erreichen einander zutiefst durchs Wort. Ingrid Trobisch hat den Satz geprägt, »der erotischste˝Bereich einer Frau sei das Ohr«. Sie will damit sagen, daß eine Frau im Herzen angerührt wird durch das Wort, durch das Liebe bekundende Wort ihres Mannes. Wir bedürfen der Vergewisserung der Liebe durch die leibliche Gemeinschaft und ebenso hautnah und herznah durch das Wort. Liebe muß sich kundtun, muß sich verbalisieren.

Wahrheit stiftet Gemeinschaft

Auch Wahrheit bedarf des Worts, um hörbar und verständlich, um hilfreich zu werden. Wenn in Worte gekleidet wird, was Wahrheit, was Sache ist, und wenn Mann und Frau den Mut aufbringen, so weit in die Wahrheit einzutreten, daß sie auch einem größeren Kreis die Wahrheit nicht vorenthalten, dann geht es uns zu Herzen. Wir brauchen Beispiele der Offenheit, die auch uns Mut machen, voreinander in Liebe wahrhaftig zu werden. Unser Gott ist wahrhaftig in der Liebe. Von ihm lernen wir den rechten Umgang miteinander in Wahrheit und Liebe (Eph 4,15), um Dinge der Vergangenheit aufzuarbeiten, die im Nebel liegen. Denn alle Grauzonen meiner Vergangenheit können Nester des Verdachtes werden, die Verdacht schüren und Verdächtigungen aufkommen lassen – die Erzfeinde des Vertrauens. In der Begegnung mit Jesus, der Wahrheit in Liebe ist (vgl. Joh 1,17), bekomme ich Mut, mein Leben ins Licht zu stellen, und werde bereit, meine Vergangenheit durchleuchten zu lassen. Das macht mich vergebungsbedürftig, aber auch erneuerungsfähig. Schuld wird von mir abfallen, als wäre sie nie gewesen. So können auch Ehepaare in einem neuen Leben wandeln. Diese Wahrheit will das Bibelwort ausdrücken: »Wenn wir im Licht wandeln, wie er im Licht ist, so haben wir Gemeinschaft untereinander, und das Blut Jesu Christi, seines Sohnes, macht uns rein von aller Sünde« (1. Joh 1,7).

Liebe drängt auf Wahrheit

Durchs Wort fällt unsere Maske voreinander. Weil ich um die Vergebung weiß, und weil ich weiß, daß mein Partner mich trägt und erträgt, darum kann ich sein, der ich bin. Unsere Liebe wird sich als tragfähig erweisen, wenn sie an Gottes Liebe angeschlossen ist (vgl. 1. Kor 13), sie wird die Schwächen des Partners mittragen. Aber nicht durch den Verzicht auf Wahrheit! Liebe und Wahrheit sind eins, fast »ein Fleisch«, wie Mann und Frau in der Ehe. So sind auch Wahrheit und Liebe nicht zu trennen. Liebe drängt auf Wahrheit, und Wahrheit bedarf der Liebe. Deswegen sollten wir nicht ruhen, bis wir vor unserem Partner ganz im Licht stehen können. Dann lebt es sich viel entspannter. Darf ich's mit dem Wort von Wilhelm Busch sagen: »Ist der Ruf 'mal ruiniert, lebt sich's fortan ungeniert!« Wir brauchen keine Show mehr abzuziehen. Es gibt einen Ort in der Welt, wo ich wahrhaftig sein kann in der Liebe, und das ist die Ehe.

Wahrheit und Liebe befruchten einander und zeugen neues Leben. Der Same ist das Wort. Deswegen bedürfen Wahrheit und Liebe des Wortes, um fruchtbar zu sein und die Erde zu füllen (vgl. 1. Mose 1,28), wie der Glaube des Herzens das Bekenntnis des Mundes braucht, um Heilsgewißheit zu erzeugen (vgl. Röm 10,10).

Der verantwortliche Umgang mit dem Wort

In seiner Erläuterung des fünften Gebotes legt Jesus das Tötungsverbot nicht nur auf den physischen Akt der Tötung aus, sondern er spricht vom unverantwortlichen Gebrauch des Wortes. Wer sich nicht beherrschen kann, wer seinen Nächsten beschimpft, erniedrigt und entehrt, macht sich der Tötung schuldig (Mt 5,21–22). Jesus geht so weit, daß er nicht nur von einer Gerichtsandrohung spricht, sondern von einem Gerichtsvollzug »im höllischen Feuer«. Warum diese Härte? Es gibt eben nicht nur die manuelle, sondern auch die verbale Tötung des Nächsten.

Die Zunge kann kein Mensch zähmen

Jakobus hat diesen Gedanken aufgegriffen und gefolgert: »Wer sich aber im Wort nicht verfehlt, der ist ein vollkommener Mann und kann auch den ganzen Leib im Zaum halten« (Jak 3,2). Die Zunge sei zwar ein kleines Glied, richte aber große Dinge an. Er nennt sie »ein Feuer, eine Welt voll Ungerechtigkeit. Sie befleckt den ganzen Leib, sie setzt des Lebens Kreis in Flammen«, und kann selbst »von der Hölle entzündet« sein (vgl. Jak 3,5–6). Jesu Strafandrohung des höllischen Feuers würde so dem Ursprung des dämonischen Mißbrauchs der Zunge entsprechen. Recht ernüchternd fährt Jakobus fort: »Die Zunge kann kein Mensch zähmen, das unruhige Übel, voll tödlichen Giftes« (Jak 3,8).

In diesen Zusammenhang gehört auch die Warnung Jesu vor dem unnützen Wort, vor dem leeren Wort, das keine Kraft zum Leben beinhaltet – wie Matthäus 12,36 wörtlich übersetzt werden muß. Menschen müssen Rechenschaft ablegen, weil Worte Folgen haben, in die Irre führen und Menschen umbringen können. Wir brauchen nur an die inspirierenden, aber leeren und lebenszerstörenden Ideologien der Menschheitsgeschichte zu denken!

Die Befreiung vom unverantwortlichen Wortgebrauch

Die Befreiung vom unnützen und unbrauchbaren Wort wird uns eigentlich erst im Umgang mit Jesus, dem menschgewordenen Wort recht geschenkt und ermöglicht. Jesu Worte waren Geist und Leben (Joh 6,63), von der Weisheit von oben und nicht von dämonischer Weisheit inspiriert (vgl. Jak 3,15) und daher tragfähig, kraftgeladen und schöpferisch. Wo mich Jesu Wort erfaßt und wie ein Same neu schafft, wird auch mein Reden betroffen von der schöpferischen Kraft seines Geistes und Wortes. Jakobus sagte: »Wer im Wort nicht fehlt, der ist ein vollkommener Mann und kann den ganzen Leib im Zaum halten« (Jak 3,2). Wir dürfen das Wort »vollkommen« zunächst nicht ethisch verstehen. Das urtextliche Wort »teleios« heißt ursprünglich: zielgerichtet, ganzheitlich. Wer auf Jesus ausgerichtet ist und sich ihm völlig übergeben hat, der ist vollkommen und vermag die Zunge im Zaum zu halten. Aus dem einen Munde geht dann nicht mehr Loben und Fluchen in gleicher Weise.

Einübung im verantwortlichen Reden

So haben wir auf der einen Seite die Freude am Wort und die Dankbarkeit für das Geschenk des Wortes kennengelernt, durch das wir wahr werden und Liebe empfangen und schenken können. Zum anderen gehört aber – leider nicht selbstverständlich – der verantwortliche Umgang mit dem Wort dazu. Denn »Tod und Leben stehen in der Zunge Gewalt« (Spr 18,21). Wir brauchen Einübung im verantwortlichen Reden. In einer Gesellschaft, wo das Reden um des Reden willens geübt wird und wo zum Widerspruch erzogen wird, müssen wir ganz neu den verantwortlichen Umgang mit dem Wort lernen. Wir brauchen nicht mehr unbeherrscht »Dampf abzulassen« und zu schimpfen, wenn unser Leben an dem ewigen Wort gesund geworden ist. Hier ruht auch die Kraft, auf Unrecht zu schweigen, wenn wir nicht gehört werden und auf den zu warten, der uns Recht zu verschaffen versprochen hat (vgl. Ps 26,1; Röm 12,19–21). Dies war das leuchtende Zeugnis der ersten Christen im jesusfeindlichen Römerreich. Es gibt nichts Größeres.

Falsche Erziehungsversuche am Partner

Der rechte Umgang mit dem Wort wird nun sehr praktisch einzuüben sein im Umgang von Mann und Frau miteinander. Kein Partner kommt vollkommen in die Ehe hinein. Jeder steht in einer Entwicklung, und manche ungute Gewohnheit muß geändert werden. Häufig ist das gutgemeinte Bemühen, den Partner zu ändern, der Anfang des Schweigens. Mir war zu diesem Vorgang ein Wort von F. Dostojewski sehr hilfreich. Er sagt: »Einen Menschen lieben heißt, ihn so sehen wie Gott ihn gemeint hat.« Wenn der Partner merkt, er soll so sein, wie ich ihn haben will, zieht er sich zurück. Trotz des gutgemeinten, idealistischen Ansatzes ist hier der Tod im Topf. Der Mensch wehrt sich instinktiv dagegen, dem Idealbild seines Partners zu entsprechen. Das ist Fremdbestimmung. Denn dann will mich der Partner nach seinem Bilde formen, wo der Mensch doch eine höhere Berufung besitzt und nach dem Bilde Gottes geschaffen ist. Wenn ich aber merke, meinem Partner ist daran gelegen, das Ebenbild Gottes in mir herauszuarbeiten, wenn ich sehe, daß er darum ringt, zu verstehen, wie Gott mich gemeint hat – dann öffne ich mich und lasse mich gern in diesen größeren Rahmen mit seinen herausfordernden Dimensionen hineinnehmen. Ich empfinde mich dann nicht als Idealpüppchen meines Partners. Ich werde bereit zu notwendigen Veränderungen und werde dankbar für kleine Hinweise, auch wo es sich um ganz banale Dinge, wie z. B. Eßgewohnheiten, handelt.

Großzügigkeit in kleinen Dingen: Zahnpastatube und Nachtanzug

Ich habe mich früher darüber gewundert, warum in aller Welt meine Frau eine Zahnpastatube in der Mitte andrückt und nicht am Ende. Ich muß zugeben, ich habe mich darüber geärgert. Es erschwerte das Aufrollen vom Ende her. Meine Frau versprach, das abzustellen, drückte aber weiterhin in der Mitte. Danach ertappte ich mich dabei, ebenfalls anders als gewohnt zu drücken; ich nahm die Tube in die ganze Hand und drückte mit allen Fingern! Neuerdings gibt es ja Tuben, die man oben abdrücken kann. Damit ist der Streitpunkt aus der Welt geschafft!

Den Partner von einer wesentlicheren Warte aus zu sehen, verschafft uns Raum im Miteinander und macht uns großzügig in den unwesentlichen Dingen. Der eine krempelt seinen Nachtanzug am Morgen um, der andere am Abend vor dem Schlafengehen. Einen ordnungsliebenden Menschen kostet es einige Überwindung, beim Bettenmachen unumgekrempelte Nachthemden ins Bett zu legen, wenn er nicht den Extragriff für den Partner tun möchte. Vielleicht macht dieser es aber später von selbst!

Keine einseitigen Entscheidungen

Am Ende der Grundordnung der Ehe lesen wir: »Sie sind nun nicht mehr zwei, sondern ein Fleisch« (Mt 19,6). Man muß sich besonders in den ersten Ehejahren häufiger klarmachen: Du bist verheiratet, du hast eine Frau. Was ist ihre Meinung zu einer Sache? Man kann nicht mehr alleine bestimmen. Vielleicht beneidet auch mancher Verheiratete die Unverheirateten, die selbständig entscheiden können. Nicht mehr zwei, sondern eins sein heißt nun konkret, daß alle Entscheidungen fortan gemeinsame Entscheidungen sein müssen. Das schließt auch die Geldausgaben und Geldanlagen ein. Wie häufig entstehen Konflikte, weil man sich in Geldausgaben nicht abgesprochen hat. Offenheit in Finanzfragen ist das A und O, um Konflikte in einer Ehe zu vermeiden. Auch über die Höhe des Verdienstes sollte Klarheit herrschen. Konten sollten einsichtig sein. Wir sind zu einem gemeinsamen Leben berufen und wollen uns auch darin bewähren.

Über verschieden erlebte Sexualität sprechen

Mann und Frau sind es einander schuldig, über verschieden erlebte Sexualität zu sprechen und einander zu informieren. Hier und ganz besonders hier bedürfen Ehepartner des liebevollen Austausches, sollen sie in Worte fassen, was sie erleben und den Partner erleben lassen möchten. Wohl spricht der Liebesakt ohne Worte, aber damit es ein Liebesakt wird, bedarf es der Worte. Viele Konflikte am Tage haben ihre Wurzeln in der Nacht. Deswegen müssen wir reden. Ich sagte es schon an anderer Stelle, daß auch die Frau durch den Orgasmus beglückt werden soll. Eine Frau recht zu wecken, den Berg des Glücks gemeinsam zu ersteigen und gemeinsam zu erleben, ist eine hohe Kunst. Von daher ist in vielen Fällen vorehelicher oder außerehelicher Geschlechtsverkehr zum Scheitern verurteilt. Die Umstände vermitteln der Frau nicht die innere Geborgenheit und Ruhe, das Angenommensein, um sich geschlechtlich entfalten zu können. Dieser psychologische Aspekt in der Sexualgemeinschaft wird viel zu wenig erkannt und ernstgenommen.

Es gibt doppelgipflige Erlebnisse

Wenn in Israel ein junger Ehemann ein Jahr lang freigestellt wurde, um u. a. zu lernen, seine Frau zur geschlechtlichen Erfüllung zu führen (vgl. 5. Mose 24,5), so hat das schon etwas zu sagen. Und eine Frau darf hier auch geduldig sein. Es gelingt nicht jedem Mann sofort. Ich bin so dankbar, daß es doppelgipflige Erlebnisse gibt. Das sage ich Ehepaaren, denen es nicht gelingen will. Es ist nicht einfach, zu wecken und gleichzeitig an sich zu halten. Erschwerend kommt hinzu, daß bei jeder Pause die Gefühlskurve der Frau absinkt. Es ist wahrlich nicht einfach und geradezu ein Gnadengeschenk, wenn es gelingt. Wenn es aber mißlingt, darf der Mann versuchen, seine Frau auf einen zweiten Hügel zu führen. Auch das ist möglich. Ich möchte es denen zum Trost sagen, die von ihrem Zusammenkommen enttäuscht sind, weil der Mann vor der Frau zum Orgasmus gelangt. Es gibt zwar heute ein umfangreiches Literaturangebot, das uns über die erwähnten Sachverhalte Aufklärung gibt. Vieles trifft aber nicht. Denn jedes Paar ist anders, und hier sollte der eine Partner dem anderen verbal helfen und sagen, wie sie einander am besten wohltun und glücklich machen können. Jedes Ehepaar besitzt eine Intimsphäre, die nur für dieses Paar gültig ist und die Einmaligkeitscharakter hat. Wir sind einmalige Geschöpfe Gottes. Wir sollten mehr voneinander als aus Büchern lernen.

IX. Hilfen zum gemeinsamen Gebet

>*Laß dir wohlgefallen die Rede meines Mundes und das Gespräch meines Herzens vor dir, Herr, mein Fels und mein Erlöser.«*
>*Psalm 19,15*

Während der Germanenmission wurde der hochaktuelle Versuch unternommen, den Inhalt des Evangeliums diesem kriegerischen Volk durch eine artentsprechende Übersetzung nahezubringen. Es entstand der Heliand. Man mag berechtigte theologische Bedenken anmelden, wenn z. B. die Magier aus dem Morgenland als Ritter durch die Wälder des Harzes reiten und als gewappnete Helden vor dem Jesuskind erscheinen. Eines aber muß unsere uneingeschränkte Bewunderung und Anerkennung finden: der Versuch, das Evangelium in die germanische Kultur hinein zu übersetzen. Man spricht heute von der Inkulturierung des Evangeliums. Sicher ist diese Aufgabe vornehmlich der Predigt vorbehalten. Eine Übersetzung hat viel umfassenderen Ansprüchen zu genügen. Als Predigt aber ist der Heliand einmalig! Ein Satz sprach besonders zu mir. Es heißt von Jesus, als er zu seinen Mannen, den Jüngern, sprach und die Bergpredigt begann: »Er sah sie an und war ihnen hold im Herzen.« Diese Aussage berührt unser Herz. Offensichtlich waren die Germanen nicht nur rauhe Gesellen. Es sollte ausgesagt werden: Jesus meinte es gut mit ihnen.

Einübung in das Gebet als Gespräch des Herzens

Wenn ich verstanden habe, daß Gott es gut mit mir meint, daß er mich entfalten und nicht unterdrücken will, daß er mir gegenüber hold im Herzen ist, wenn er mein Erlöser werden durfte und mein Fels – dann werde ich befreit zum Gespräch des Herzens, dann trete ich ein in einen immerwährenden Dialog des Herzens mit Gott, den die Bibel Gebet nennt. Ohne daß ich dazu aufgefordert werden muß, werde ich mich dabei überraschen, daß ich von morgens bis abends im Dialog mit meinem Herrn stehe, dem ich wie einem geliebten Menschen an allem teilgebe, was ich denke, fühle und vorhabe. Ich darf ihm alles sagen. Die Psalmen, das Gebetbuch der Bibel, zeigen uns, wie wir beten und was wir alles sagen dürfen. Bis in letzte Tiefen und Höhen ist hier Erlebtes in Worte gefaßt. Deswegen steht auch das Buch Hiob in der Bibel, weil es so wahr ist und weil Hiob bei allen Ausfällen seines leidgepreßten Herzens gegen Gott auf Gott ausgerichtet bleibt und Gott nicht losläßt. Welch eine befreiende Einsicht: Gott macht uns Mut zum ehrlichen und aufrichtigen Gespräch des Herzens! Allerdings sind das Toben des Windes, die Erschütterungen des Erdbebens und die Hitze des Feuers nicht das Wesentliche. Gott erreicht uns im Gespräch des Herzens, das unter dem »stillen, sanften Sausen« am tiefsten fließt (vgl. 1. Kön 19,11–13). Gott spricht zu mir in seinem Wort und erreicht mich durch seine Liebe, und ich darf ihm antworten und merke, meine Gebete erreichen ihn. Es ist derselbe Geist, der es ermöglicht; der Heilige Geist von ihm und seinem Wort und der Heilige Geist in mir. Er begegnet mir in Wahrheit und Liebe und befähigt mich, wahrhaftig zu sein in der Liebe.

Wer gelernt hat, ehrlich vor Gott zu sein und im Gebet sich und Gott nichts vorzumachen, kann mit seinem Nächsten sprechen und ihn an seinem inneren Erleben teilhaben lassen. So wird das Gebet zu einer Gesprächsschulung.

Einübung im betenden Reden

Mit Ehekonflikten sollten wir so umgehen wie mit einem Fleck auf unserer besten Bluse: da zögern wir nicht lange, sie mit einem guten Waschmittel zu behandeln oder geben sie auch sofort zur Schnellreinigung. Flecken lassen sich am besten entfernen, wenn man sie schnell angeht. Das ist mit Ehekonflikten ebenso.

Konflikte in die Schnellreinigung nehmen

Das abendliche Gebet miteinander - das wäre eine gute Gelegenheit zur Schnellreinigung! Uns war es auch in spannungsreichen Zeiten eine große Hilfe, daß wir uns vorgenommen hatten: wir gehen nie schlafen, ohne vorher miteinander gebetet zu haben. Dabei haben wir oft erfahren, daß – wo die direkte Verständigung zwischen uns schwierig geworden war, weil sich Spannungen aufgebaut hatten – die Verständigung »über den Satelliten« viel besser gelang. Wenn wir miteinander beteten und unser Problem vor Gott aussprachen, war er als objektivierender Faktor in unserer Mitte, half Emotionen, Ärger, Angst und negative Vorurteile zu überwinden, so daß wir wieder richtig hinhören konnten. Seine Gegenwart bewirkt immer wieder Offenheit füreinander, die Bereitschaft, einen gemeinsamen Weg zu finden, auch einander um Vergebung zu bitten und Fehler zu vergeben.

Und wenn Probleme tief sitzen?

Leider geschieht es häufig, daß nicht jeder Fleck gleich in die Schnellreinigung gebracht wurde. Alte Flecken brauchen gewöhnlich längere und gründlichere Behandlung. Das sind Probleme, ungelöste Fragen, die seit langem in unseren Ehen anstanden und tiefe Spuren in den Gefühlen eingegraben haben, die manch unfruchtbare Diskussion heraufbeschworen. Diese Dinge anzugehen, ist nicht leicht. Wir fürchten uns vor neuen vergeblichen Auseinandersetzungen. »Es hat ja doch keinen Zweck!« resignieren wir – und klammern dieses Gebiet aus unserer Gemeinsamkeit aus. Ein Teil unserer Ehe bleibt im Schatten.

Wir brauchen leuchtende Ehen!

Wie traurig ist dieser Zustand für uns und unsere Kinder! Unsere Ehe sollte kein fleckenbeladenes Kleid sein. Unsere Zeit braucht mehr denn je leuchtende Ehen, damit unsere Jugendlichen wieder Mut zur Ehe bekommen. Eine leuchtende Ehe der Eltern wäre die beste Hilfe dazu. Wenn wir Jesus angehören, sollten wir mutig sein und es von neuem wagen, die dunklen Stellen unserer Ehe in sein Licht zu bringen. Der Geist der Verzagtheit und Resignation ist nicht sein Geist. Er hat uns »den Geist der Kraft, der Liebe und der Selbstbeherrschung« gegeben (2. Tim 1,7) – gerade auch für unsere Ehe! Wir dürfen darauf vertrauen: Jesus will uns dabei helfen, unsere Ehe in Ordnung zu bringen.

Das vorbereitende Gebet

Vielleicht sitzt eine Sache ganz tief. Dann ist der erste Schritt, daß man zunächst allein dafür betet und darum ringt: »Herr Jesus, hilf uns, dieses Problem zu überwinden. Gib mir den rechten Geist dazu. Einen Geist der Demut, daß ich in dieser Sache nicht nur den Fehler des anderen sehe und selbst recht behalten will. Laß mich an diesem Konflikt auch meine eigene Fehlhaltung, meine Verhärtungen erkennen. Ich möchte mich darunter beugen und meinen Partner dafür um Vergebung bitten. Ich möchte, daß du mit mir zum Ziel kommst. – Bitte, hilf doch auch meinem Partner zurecht. Mach ihn von neuem gesprächsbereit und zeige uns die rechte Zeit dafür, bereite uns die Gelegenheit zu.«

Oft ist es wenig ratsam, tiefersitzende Probleme in den eigenen vier Wänden anzusprechen oder mitten in der Arbeitszeit, die sowieso alle Kräfte fordert. Es könnte besser sein, den Urlaub abzuwarten oder wenigstens ein ruhiges Wochenende.

»Herr Jesus, hilf mir doch auch, die Bitte um dieses Gespräch akzeptabel auszusprechen, ohne einen Unterton des Vorwurfs und der Anklage oder des Einforderns, der meinen Partner gleich in die Reserve treibt. Hilf mir, so zu reden, daß mein Partner spürt, daß ich echt nach dem Weg zueinander suche. Und hilf ihm doch auch, von seiner Verhärtung frei zu werden. Hilf du uns beiden, die Angst zu überwinden.«

Nicht aufgeben

»Furcht ist nicht in der Liebe« sagt die Bibel (1. Joh 4,18), aber in unseren Ehen ist oft viel Furcht. Die Liebe, die Gott uns schenkt, die er durch seine Gegenwart in uns wirkt, ist viel haltbarer als unsere eigene Liebesfähigkeit und ermöglicht uns, Probleme anzugehen, die unsere eigene Liebesfähigkeit und -kraft überstiegen hätte.

Häufig läßt Gott es zu, daß wir auch nach solchem Gebet noch Geduld haben müssen. Er braucht Zeit, um uns vorzubereiten, sowohl uns selbst als auch unseren Partner. Darum sollten wir nicht entmutigt sein, wenn das erbetene Gespräch nicht sofort möglich wird, sondern glaubensvoll sagen: »Danke, Vater. Ich hab es dir nun gesagt und vertraue darauf, daß du uns innerlich vorbereitest und zur rechten Zeit die Gelegenheit zu diesem Gespräch schenken wirst.«

Die sprechende Haltung

Wenn es dann soweit ist, ist es hilfreich, schon durch unsere Haltung auszudrücken, daß – wie schwer auch immer ist, was wir zu besprechen haben – es uns nicht trennen soll. Darum wollen wir dicht nebeneinander sitzen, den Arm um die Schulter gelegt oder uns bei den Händen haltend – ein äußeres, aber wichtiges Zeichen dafür: wir gehören zusammen, wir gehen unsere Probleme jetzt gemeinsam an, und es soll uns nicht trennen.

Gewiß steigt die Furcht wieder auf. Hier hat sie Signalcharakter: »Achtung, allein schafft ihr's nicht! Nicht vergessen, vor dem Gespräch miteinander zu beten!«

Betend reden

Beide sollten beten, jeweils hörbar für den Partner, und Gott sagen, wo seine Hilfe nötig ist: die Furcht Ihm abgeben, die uns lähmen und verstummen lassen will, die Schwierigkeiten, die wir vorher erfahren haben, die Explosionsgefahr unserer Emotionen.

»Herr, nimm meine Gefühle unter deine Kontrolle. Auch meine Worte. Hilf mir, recht zu reden.«

Vielleicht muß man vorher auch ganz realistisch sein und dem Partner sagen: »Du, was ich aussprechen möchte, das geht mir so nahe. Ich fürchte, ich werde emotional oder fange an zu weinen. Bitte, hab Geduld mit mir und ertrag es.« Manche Männer finden es ja sehr schwer, Tränen zu ertragen. Und wir wollen auf keinen Fall Tränen als Druckmittel einsetzen. Aber wenn man tiefgehende Dinge nur unter Tränen herausbringt, dann sollten wir sie einander auch zugestehen. Besser durch einen Tränenfluß waten, als weiter in der Wüste bleiben!

Betend hören

Ganz wichtig ist bei einem solchen Gespräch die Hörbereitschaft. »Bitte, sprich dich aus. Alles, was du auf dem Herzen hast. Ich will dir zuhören, ich will auch deine Tränen ertragen. Ich höre betend zu.« – »Herr Jesus, kontrolliere du nun meine Gefühle und Gedanken, daß ich offen zuhöre, nicht ärgerlich oder gereizt. Hilf mir, wenn das Gehörte mich verletzt, daß ich offen bleibe und vergebungsbereit. Hilf mir, hinter die Worte zu hören, hilf mir, nicht auf dem Buchstaben herumzureiten.« – Gerade Konfliktgeladenes kommt ja leicht verdreht oder verworren heraus! – »Hilf mir, die Nebentöne wahrzunehmen und richtig zu deuten. Was schwingt dahinter mit? Ach, hilf mir, recht zu hören: ein hörendes Ohr und ein sehendes Auge schenkt der Herr (vgl. Spr 20,12).« Diese innere Haltung des Gebets muß unser Hören ständig begleiten. An Punkten, die uns nahegehen, dürfen wir in unserem Herzen immer wieder ausrufen: »Herr Jesus, ich danke dir für den Geist der Selbstbeherrschung und Besonnenheit, ich danke dir für den Geist der Liebe und Kraft.« Wie schnell wird ein Gespräch unfruchtbar und fährt fest, wenn wir – auf vielleicht ungeschickt Ausgesprochenes – gleich emotionsgeladen reagieren und dazwischenfahren. »Ich brauche jetzt den Geist der Selbstbeherrschung, Herr Jesus! – Danke!«

Bereit sein, Schmerzen zu ertragen

Betend hören! So werde ich bereit, auch Schmerzen zu ertragen. Jesu Liebe hat ihn dazu befähigt, um unseretwillen Schmerzen zu ertragen. So bewährt sich auch unsere Liebe darin, daß wir die Schmerzen zu tragen bereit sind, die die Offenbarungen des Partners uns zufügen. Wirkliches Sich-aussprechen-Können ist schon eine Therapie in sich. Da wird Druck abgelassen. Da geschieht Erleichterung, da wird über dem Reden der Konflikt schon entschärft – für den Redenden. Der zuhörende Partner nimmt ein Teil der Last auf sich. Manches Gehörte mag ihm schwer zu schaffen machen. Jetzt auf keinen Fall den Arm von der Schulter des anderen nehmen oder seine Hand loslassen! Mit Jesu Hilfe wollen wir überwinden! »Und wenn der Schmerz auch die Tränen in die Augen treibt, wenn auch mein Gefühl sich auflehnen oder mit Zorn reagieren will – Herr Jesus, jetzt steh mir bei! Jetzt laß deinen Geist in mir siegen. Mach mich bereit zu vergeben.« Auf keinen Fall aus dem heftigen Gefühl heraus reagieren mit heftigen Worten oder Vorwürfen und Anklagen! Je aufgewühlter das eigene Herz ist, um so wichtiger ist es zu erwarten, still zu beten oder auch laut.

Den Sachverhalt klären

Am besten, wir fassen das Gehörte in eigenen Worten zusammen und fragen nach: »Habe ich dich so richtig verstanden?« Das ist unbedingt notwendig! Unsere vorgefaßten Meinungen sind oft das größte Hindernis, um zueinanderzufinden. Viele Gespräche kommen dadurch in die Sackgasse, daß man gar nicht die Meinung des anderen erfaßt. Darum prüfen! »Du sagst so und so. Habe ich dich recht verstanden?«

Verkehrtes Reden

Es gibt Gesprächsfehler, die unsere Begegnung von vornherein vereiteln. Dazu gehören so »harmlose« Wörtchen wie »immer« und »nie«. »Du läßt immer deine Socken herumliegen. Ich muß immer

hinter dir herräumen.« – »Du hilfst nie den Kindern bei den Schularbeiten.« Solche Formulierungen treiben den Partner in die Ver-
teidigung. Ihm fällt sofort ein, wann er denn doch einmal seine
Socken weggeräumt oder den Kindern bei den Schularbeiten geholfen hat – und sofort ist eine fruchtlose Diskussion im Gange.
»Immer« und »nie« sind Reizwörter, die nicht weiterhelfen. Ebenso falsch ist die anklagende Haltung: »Du tust das . . . nicht«. Das
Bild Jesu vom Splitter und Balken mahnt uns zur Vorsicht: da ist
gewiß auch etwas, was des Nachprüfens wert ist! Jemand hat darauf hingewiesen: Wenn wir mit dem Finger auf jemanden zeigen,
weisen immer drei Finger auf uns zurück. Was uns aber das Anklagen zutiefst verleiden sollte, ist die Erinnerung daran, daß die
Schrift Satan den Verkläger der Brüder nennt (Offb 12,10). Wo
wir anklagen, ziehen wir ihn ins Geschäft, den Diabolos, d.h.
Durcheinanderbringer. So brauchen wir uns dann nicht zu wundern, wenn unser Konflikt sich zu einem hoffnungslosen Durch-
einander verwirrt.

Dem Geist Gottes Raum machen

Den anderen der Sünde oder der Fehler zu überführen ist gar
nicht unsere Aufgabe, sondern die des Heiligen Geistes. Er kann es
viel treffender als wir. Er kann sein Werk aber nur tun wenn wir
demütig sind. Den Demütigen ist Gott nahe, nicht denen, die sich
selbst rechtfertigen oder den anderen verletzen (vgl. Jak 4,6–8).
Darum dürfen wir niemals herabsetzend reden, verächtlich – indem wir z. B. noch auf die Familie des anderen anspielen, in der
derselbe Fehler ausgeprägt ist. Wie können wir damit weh tun! Betend auf Jesus schauen, wie ihn uns Jesaja 53 beschreibt: Er wurde
angespien, verhöhnt, geschlagen – aber er tat seinen Mund nicht
auf. Deswegen lieber schweigen, aber nicht in Verhärtung schweigen, sondern liebend, betend.

Richtig reden

Man kann denselben Sachverhalt: »Du läßt immer deine Socken liegen« ja auch ganz anders zur Sprache bringen. »Es tut mir leid, daß ich so gereizt war, weil ich deine Socken wegräumen mußte.« Damit sprechen wir die drei Finger an, die auf uns zeigen. Unsere Reaktion war ja genauso falsch wie das, was sie hervorrief. – Vielleicht ist ja vor Gottes Augen meine Gereiztheit und mein Ärger eine ebenso große Sünde wie die Nachlässigkeit des Partners? Wenn ich aber mit meinem Teil anfange: »Es tut mir leid, daß ich so gereizt war« – und vielleicht noch hinzufüge »Es tut mir leid, daß ich mich innerlich wehre gegen dieses Bekenntnis –ich merke, wie selbstgerecht mein dickes, altes Ich ist!« – dann ist nicht nur die Hälfte der Sünde aus dem Weg geräumt, dann geht auch für den anderen eine Tür auf, seinen Teil des Konfliktes einzusehen und zuzugeben.

Die eigene Last auf den anderen abwälzen?

Nun gibt es ja gewiß Dinge, die schwerer anzusprechen sind, als die herumliegenden Socken. So richtig große Berge, die uns das Herz abdrücken. Wir würden uns nur zu gern von dieser Last befreien. Aber – ist es verantwortlich, sie dem anderen aufzuladen? Dürfen wir alles aussprechen?

Ich denke an ein Ehepaar. Der Mann hatte Ehebruch begangen. Er war später zum Glauben gekommen, hatte einem Seelsorger diese Sünde bekannt und Vergebung empfangen. Es schien aber dem Mann wie auch dem Seelsorger unmöglich, das Geschehen der Frau mitzuteilen, denn sie war seit Jahren depressiv. Gewiß war der Rat des Seelsorgers, darüber zu schweigen, zu diesem Zeitpunkt richtig. Man darf nicht einfach zur eigenen Entlastung einen anderen belasten. Je mehr aber der Mann im Glauben wuchs, desto notvoller wurde es ihm, daß er nicht mit seiner Frau beten konnte. Der Ehebruch stand doch noch zwischen ihnen. Er suchte wieder einen Seelsorger auf und diesmal wurde deutlich: er durfte seiner Frau gegenüber nicht länger schweigen. In diesem Fall war es gut, daß der Seelsorger bei dem Gespräch der Eheleute anwesend war, um zu beten und, wenn nötig, zu vermitteln. Aber ein Wunder geschah: die Frau konnte ihrem Mann spontan vergeben, und ihre Depressionen waren fort. Irgendwo war da diese Grauzone gewesen, die sie belastet hatte, und durch das offene Gespräch war tiefes Vertrauen und neue Einheit der Ehepartner geschenkt worden.

Die Bitte um Vergebung und den Zuspruch der Vergebung aussprechen

Ein Gespräch, in dem Verfehlungen ausgesprochen werden, sollte immer auch die ausgesprochene Bitte um Vergebung enthalten: »Es tut mir leid, daß ich . . . Bitte, vergib mir!« Und ebenso den Zuspruch: »Ja, ich vergebe dir und will es dir auch nicht mehr nachtragen.« So manches gute Gespräch bleibt letztlich unbefriedigend, wenn wir das versäumen. So kann man später hören: »Ja, mein Mann hat mir wohl alles gesagt, was er getan hat, aber er hat nicht gesagt, daß es ihm leid tat, und er hat mich auch nie um Vergebung gebeten.« – Es ist sehr gut möglich, daß er seine Offenbarungen in eben dieser Absicht ausgesprochen hat, aber wenn er es nicht über sich brachte, die Bitte um Vergebung auch auszudrücken, so kann eine letzte Blockade bestehen bleiben. Ebenso muß der andere Partner seine Bereitschaft zu vergeben ausdrücken und damit auch für sich eine Schranke aufrichten, hinter die er nie wieder zurückgehen wird, um Vergebenes wieder auszugraben. Vergeben ist vergeben – für immer!

Das Vergessen wird uns geschenkt, indem wir dem Feind, der uns noch manches Mal an den Fehler des anderen erinnern will, entschieden entgegentreten: »Dafür ist Jesus am Kreuz gestorben. Danke, Herr Jesus, daß dein Blut diese Sache bereinigt hat!« Wenn es dem Feind nicht gelingt, uns mit solchem Erinnern hinabzuziehen, sondern ein Lob und Dank für das Kreuz Jesu zu hören bekommt, wird er seine dunklen Versuche bald aufgeben.

Tiefsitzende Konflikte

So mancher eheliche Konflikt hat tiefe Wurzeln, und es kann lange dauern, bis wir diese endlich in den Blick bekommen. Oft sind wir notvoll geprägt durch die Situation unserer elterlichen Familie. Ein anderes Ehepaar steht mir vor Augen: Der Mann wuchs als eines von acht Kindern auf. Er hatte in der großen Kinderschar immer im Schatten gestanden, und man hatte sich darauf eingeschossen, daß er der Tölpel war, der nichts konnte und aus dem nichts werden würde. Seine daraus erwachsenen Minderwertigkeitsgefühle kompensierte er später in seiner Ehe und spielte sich als Tyrann auf, nach dessen Pfeife alles tanzen mußte. Solche notvollen Prägungen verschwinden nicht von heute auf morgen. Oft braucht es da viel seelsorgerliche Geduld, das Leiden der Kindheit aufzuarbeiten. Wo es einem so geprägten Menschen möglich wird, um Jesu willen den Eltern, dem Bruder, der Schwester zu vergeben, die so viel Leid in sein Leben brachten, da kann auch hier das Neue durchbrechen. Hier braucht es aber auf Seiten des Ehepartners durchhaltende Liebe, Liebe, die einen langen Mut hat und bei allen Rückfällen ins Dominieren für die Befreiung des Partners betet, glaubt und hofft.

In einer anderen Ehe ging die Not von der bestimmenden Frau aus. Lange war der Konflikt nicht zu lösen. Immer wieder überrollte sie ihren Mann mit eigenmächtigen Entscheidungen. Er stand vor den Kindern und anderen als Pantoffelheld da und war in Gefahr, aus der Entmutigung zu einer anderen Frau hin auszubrechen, die ihn als Mann gelten ließ und anerkannte. Die Kehrseite der Not: seine Frau hatte ihren Vater im Krieg verloren. So mußte ihre Mutter allein ihren Mann stehen und hatte ihre Töchter von klein auf dazu erzogen, die Initiative zu ergreifen und Dinge durchzuziehen. In unbewußter Ergänzungsbedürftigkeit hatte diese Tochter einen besonders weichen Mann geheiratet, und so geriet ihre eheliche Zuordnung in Unordnung. Auch hier gilt: die Erlösung Jesu reicht bis in die tiefste Tiefe. Auch hier ist seelsorgerliche Hilfe und Begleitung nötig, bis eine solche Ehe in gute Bahnen findet.

Nicht aufgeben!

Wenn wir lange geschwiegen haben, brauchen wir vielleicht Hilfe, um wieder ins Gespräch zu kommen. In unseren Eheseminaren gaben wir deshalb den Ehepartnern gern eine »Hausaufgabe« mit, mit der Auflage, sie betend auszuführen: Fragen Sie doch einmal Ihren Partner: »In welchem Punkt empfindest du unsere Ehe als verbesserungsbedürftig?«

Oder – wenn Sie den Eindruck haben, daß Ihr Partner nicht sprechen kann, so fragen Sie ihn: »Habe ich dich vielleicht einmal verletzt? Vielleicht war es ja zu schmerzlich für dich, so daß du darüber geschwiegen hast. Bitte, sag es mir! Ich wünsche mir, daß nichts zwischen uns steht.« Wir erlebten mit, wie dadurch in eine an die 50 Jahre bestehende Ehe Heilung kam. Ein altes Pfarrersehepaar, liebe, gläubige Leute, im Glauben bewährt! Und doch stimmte es in ihrer Ehe im Grunde nicht. Woher rührten die immer wiederkehrenden Explosionen, die in keinem Verhältnis standen zu dem, was sie veranlaßte und die immer tief verletzten? Da mußte es doch einen Bodensatz geben, etwas Abgesunkenes, Verdrängtes, was von Zeit zu Zeit nach oben drängte. Als der alte Pfarrer seine Frau fragte: »Du, gibt es irgend etwas, womit ich dich einmal verletzt habe?« – da faßte sich die Frau ein Herz und sprach es aus: »Als wir ganz jung verheiratet waren, da hast du einen Satz ausgesprochen, aus dem ich entnahm, daß du mich gering achtest.« Das war die bittere Wurzel gewesen! Sie hatte Minderwertigkeitsgefühle mitgebracht aus ihrer eigenen Familiensituation und selbst bezweifelt, ob sie ihrem studierten Mann ebenbürtig war. Deshalb hatten seine Worte sie so unverhältnismäßig tief verletzt. Sie hatte sie nie vergessen und – nie darüber sprechen können; so hatte es sie all die vielen Ehejahre hindurch belastet. Ihr Mann war tief betroffen: »Das soll ich gesagt haben? Ich kann mich durchaus nicht daran erinnern. Aber – wenn es dir so weh getan hat, muß es ja so gewesen sein. Ich könnte mir denken, daß ich es anders gemeint habe. Aber wenn ich dir so weh getan habe, so bitte ich dich um Verzeihung. Es tut mir sehr leid!« Das war groß! Er verteidigte sich nicht: das habe ich nie gesagt. Das waren nur deine Minderwertigkeitskomplexe! Nein, er stellte sich darunter, daß er seine Frau verletzt hatte und bat um Vergebung. Es war wunderbar mitzuerleben, wie diese alte Ehe erneuert und die Liebe des Paares zueinander vertieft wurde! Hinterher kam noch eine Anfechtung durch Traurigkeit: »Jetzt endlich sind wir wirklich glücklich miteinander. Warum durften wir das nicht vorher erleben?« Aber wir hielten gemeinsam daran fest: die vielen Jahre, die die Heuschrecken gefressen haben, will Gott erstatten (vgl. Joel 2,25). Und Gottes Wort ist wahr geworden: Ströme lebendigen Wassers gehen von ihnen aus. Inzwischen hat der alte Herr einen Schlaganfall erlitten. Aber die äußere Gebrechlichkeit kann den Segen nicht aufhalten, der durch ihr Leben fließt. Fast 50 Jahre verheiratet – und es war noch nicht zu spät, um Gottes Eingreifen zu erleben.

Ich habe diese wahre Geschichte erzählt, um auch Ihnen Mut zu machen. Kommen Sie heraus aus Ihrer Resignation und fangen sie an, erwartunsgvoll zu beten: »Herr Jesus, du bist für uns derselbe! Du kannst auch uns in unserer Ehe zurechthelfen.« Und dann geben Sie ihrem Partner in seinem verletzten Schweigen eine Hilfestellung: »Sag mir doch, wo ich dir weh getan habe. Ich möchte dich um Vergebung bitten. Ich wünsche mir, daß unsere Ehe heil wird, und möchte mit Jesu Hilfe alles dafür tun.«

Sagen Sie Ihrem Ehepartner Liebes

Er braucht Ermutigung. Warum fällt es uns nur so schwer, Lob und Anerkennung auszusprechen? Besonders Frauen scheint das Mühe zu machen. Vielleicht, weil wir erzogen wurden, dem anderen Geschlecht gegenüber Zurückhaltung zu üben und um uns werben zu lassen? Frau Trobisch erzählte von einem ihrer Eheseminare, daß sie einmal im gemischten Kreis sitzend den Ehepaaren aufgegeben hätten, einander Anerkennendes zu sagen. Sie sagte: Wir haben es nie wiederholt, denn es war eine zu erschütternde Erfahrung. Die Männer waren so bewegt über die ausgesprochene Wertschätzung ihrer Frauen, daß einer nach dem andern in Tränen ausbrach: das hatten sie nie zuvor gehört, und ihre Herzen waren ausgehungert danach. Welch eine Möglichkeit, seinem Mann Ermutigung zu schenken! Mir steht ein Lehrerehepaar vor Augen. Die Frau war wohl pädagogisch begabter, kam in der Schule besser zurecht als ihr Mann und hatte nach und nach eine überaus kritische Art ihm gegenüber entwickelt. Seine Entmutigung war bis zu einem solchen Grad gediehen, daß er fast arbeitsunfähig wurde. Nun waren beide gläubig geworden und suchten Hilfe. »Ja, hören Sie doch einmal auf zu kritisieren, und sagten Sie Ihrem Mann, was Sie gut an ihm finden!« Aber da war solch ein Berg an Enttäuschung und Verachtung: »Ich kann absolut nichts Gutes an ihm finden.« – Was tun? Hier konnte nur noch »der Dritte im Bunde« helfen. Wir rieten ihr: »Bitten Sie Jesus um Hilfe. Er kann Blinde sehend machen. Bitten Sie ihn, daß er Ihnen neu die Augen öffnet für Ihren Mann, wie Er ihn sieht!« – Sie kam am anderen Tag wieder und sagte: »Stellen Sie sich vor, Frau Scheunemann, Jesus hat mir 27 Dinge an meinem Mann gezeigt, die gut und liebenswert sind.« Können Sie sich vorstellen, wie gut es diesem Mann, dieser Ehe getan hat? Wie wäre es, wenn Sie Ihrem Partner einmal dieses Geschenk machten? »Herr Jesus, was siehst du Liebenswertes an meinem Mann, meiner Frau? Bitte, zeige es mir, und hilf mir, es meinem Partner auch liebevoll zu sagen.« Manchmal bringen wir das ja nur schwer über die Lippen. Aber Jesus kann nicht nur Blinde sehend machen, er kann auch Stumme zum Sprechen bringen.

Gott schenke Ihnen eine leuchtende Ehe, aus der Liebe und Freude herausscheinen!

Gebetsgemeinschaft zwischen Mann und Frau

Wenn ich Ehepaare frage, ob sie gemeinsam beten, verweisen sie gewöhnlich aufs Tischgebet. Wenn ich weiterfrage, ob sie als Ehepaar nicht außerdem beten, etwa abends vor dem Schlafengehen, dann wird geantwortet: Das tun wir wohl, aber jeder für sich. Ich möchte dann immer entgegnen: Wozu seid ihr dann verheiratet, wenn jeder in den tiefen und bestimmenden Belangen seines Lebens alleine leben will? Nein! Wie es in der Ehe eine leibliche und eine seelische Gemeinschaft gibt, so darf es auch eine geistliche Zweisamkeit geben. Die Bibel macht uns Mut, unsere geistliche Einsamkeit zu verlassen und zur Gemeinsamkeit in geistlichen Dingen vorzustoßen. Nachdem Petrus hilfreiche Worte zur Sexualgemeinschaft zwischen Mann und Frau gesagt hat, kommt er sogleich auf die notwendige geistliche Gemeinschaft zwischen Mann und Frau zu sprechen und sagt: »Euer gemeinsames Gebet darf nicht gehindert werden« (1. Petr 3,7). Im Urtext steht: euer Beten. Es kann das individuelle und es kann das gemeinsame Gebet gemeint sein. Beides hat seinen Platz in der Ehe. Doch neben dem persönlichen sollte das gemeinsame Beten besonders gepflegt werden, hat doch Jesus für das gemeinsame Gebet eine besondere Verheißung gegeben, als er sagte: »Wenn zwei unter euch eins werden auf Erden, worum sie bitten wollen, das soll ihnen widerfahren von meinem Vater im Himmel« (Mt 18,19).

Die Satellitenverbindung durchs Gebet

Ich gebe zu, daß eine gewisse Hemmschwelle überwunden werden muß, bis wir die Hauskapelle des gemeinsamen Gebets einweihen. Sie darf aber nicht ungenutzt bleiben. Wie die Liebe und Freude aneinander es uns leicht werden ließ, die Schwelle zum gemeinsamen Schlafzimmer zu überschreiten, so sollte doch auch diese Schwelle aus Dank füreinander zu nehmen sein!

Es ist eine gute Gepflogenheit, den Abend nicht ohne gemeinsames Gebet ausklingen zu lassen. Meine Frau und ich haben es uns seit der Heirat zur Gewohnheit gemacht, nicht ohne gemeinsames Gebet einzuschlafen. Dieser Entschluß stellte sich als eine große Hilfe heraus. Es gab Tage, an welchen wir es schwer hatten, miteinander zu sprechen. Ja, es gab Tage, an denen das Gespräch ganz verstummt war und jedes neue Wort nur weiteren Zündstoff lieferte. Daß aus den Tagen keine Wochen oder gar Monate wurden, verdanken wir dem gemeinsamen Gebet. Und das geschah so: Wenn der Kontakt untereinander abgebrochen war, wurde der Kontakt nach oben um so wichtiger. Gewöhnlich begann ich zu beten, laut, stockend, um Worte ringend. Ich klagte Gott unsere Not und bat um sein Eingreifen. Meine Frau hörte zu und tat einen Blick in mein Herz, das ich vor Gott öffnete. Sie erkannte meine eigentlichen Motive. Wenn meine Frau dann weiterbetete, vernehmlich und laut, häufig von Tränen unterbrochen, und ihr Herz öffnete, dann hatte ich meine Aha-Erlebnisse und verstand ihre innersten Motive. Und es dauerte nicht lange, da waren wir wieder einander zugewandt und einander gut. Die Bitterkeit war verschwunden, auch die Resignation. Das Gebet war unsere Verstehensbrücke geworden. Unsere Gebete hatten nicht nur den himmlischen Vater, sondern auch uns erreicht. Die Verbindung über den Satelliten – das Gebet – hatte sich als die störungsfreieste erwiesen!

So mahnt die Schrift: »Laßt die Sonne nicht über eurem Zorn untergehen!« (Eph 4,26). Lange Rechnungen sind bekanntlich viel schwerer zu begleichen als kurze. Mißstimmungen und Mißverständnisse sollen vor dem neuen Tag ausgeräumt werden. Dann kann man auch viel besser schlafen. Anmerkung: das gemeinsame und vernehmliche Gebet ist keine Predigt, mit welcher ich dem Partner die Leviten lese. Dann hat es seinen Lohn dahin. Es ist der ehrliche Aufschrei meiner Seele zu Gott, der auch der Herr über meinen Partner ist. Er schafft Verständnis und stellt die Verbindung wieder her.

Das wichtigste Wort im Gebet

Eines bewahrt unser Gebet vor dem Abgleiten in das Anpredigen: daß wir uns zu unserer Schuld und zu unserem Anteil an einem entstandenen Zerwürfnis stellen. Der hörbare Ausdruck unserer Einsicht ist der Satz: Es tut mir leid. Bitte vergib mir! Wo dieser Satz wahrhaftig und in Liebe ausgesprochen wird, öffnet er Himmelsschleusen. Es ist, als ob ein Frühlingsföhn durch ein erstarrtes Wintertal weht. Das Eis beginnt zu schmelzen, die Seen krachen. Die Vegetation meldet sich, und aus den Winterwinden werden linde Lüfte, die alles wenden. Was in der Natur eine zeitliche Abfolge durchläuft, geschieht in der Vergebung gleichzeitig. Wo Vergebung erbeten und gewährt wird, geschieht ein Durchbruch zum Leben und zur Hoffnung, fällt Tod und Verzweiflung von uns ab, stehen wir in einem neuen Leben. Martin Luther hatte recht, als er aussprach: »Wo Vergebung der Sünde ist, da ist Leben und Seligkeit.« Deswegen ist der Satz: Es tut mir leid – der Schlüssel zum Herzen Gottes und zum Herzen des Partners. Es ist das wichtigste Wort in der Ehe, um zugefallene und verschlossene Türen wieder zu öffnen. Dazu ein Beitrag unter der Überschrift: Heute.

Heute

Wenn wir wüßten, daß unser Leben morgen endet,
würden wir dann den heutigen Tag mit Streit vergeuden?
Würden wir die kostbaren Stunden mit eisigem Schweigen
verstreichen lassen?
Würden wir uns noch hinter dieser unsichtbaren Mauer
verschanzen und sie nur durchbrechen, um uns weitere böse Worte entgegenzuschleudern?

Wenn wir wüßten, daß unser Leben morgen endet,
würde ich Dir heute Deine Fehler und Schwächen
nicht mehr vorhalten,
würde ich Dir nicht länger vorwerfen,
Du habest mit dem Streit begonnen,
würde ich noch heute als erster nachgeben,
würde ich noch heute den Krieg beenden,
der uns beide zu Verlierern macht.

Weil wir nicht wissen, ob unser Leben morgen endet, deshalb gehen wir heute sorgsam und liebevoll miteinander
um
und versuchen, jede einzelne Minute mit Lachen und Liebe
zu erfüllen, sind wir so freundlich und heiter,
daß unsere Herzen dabei froh werden, vermeiden wir alles,
was Bitterkeit, Unfrieden und Zerstörung bewirkt.

Wer weiß, ob heute nicht doch unser letzter Tag ist?
Heute ist die einzige Zeit, die uns wirklich gehört.
Deshalb will ich, daß unsere Hände und Herzen
sich heute wiederfinden.
Deshalb sage ich heute zu Dir: »Es tut mir leid. Ich liebe
Dich.«

(Aus: Ehe – das große Geschenk)

So wird durch das gemeinsame Gebet die Gegenwart Jesu erfahren, die er zugesagt hat, wo zwei oder drei in seinem Namen, und d. h. vor ihm, beisammen sind. »Ich bin mitten unter ihnen« (Mt 18,20). Und wo Jesus gegenwärtig ist, da ist er es mit allem, was wir brauchen. So wird auch in dem gemeinsamen Gebet von Mann und Frau gleichsam das Kreuz Jesu in einer Ehe aufgerichtet, der Ort der Vergebung und des Neuanfangs, der Ort des Sterbens des alten Menschen zum Leben des neuen.

Zwei weitere Schaubilder von den kommunizierenden Röhren sollen diesen wichtigen Tatbestand verdeutlichen.

Die einseitige Schuldübernahme

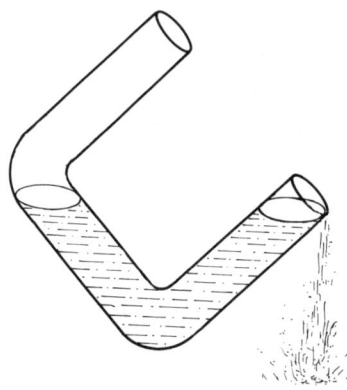

Das Wasser in den Röhren ist verschmutzt. Die Gemeinschaft zwischen Mann und Frau getrübt. Durch das Gebet ist es gelungen, sich der Verschmutzung bewußt zu werden und sie an die Oberfläche zu bringen. Es fehlt nur noch der nächste Schritt, das Glas zu neigen, sich vor Gott und voreinander zu demütigen. Wenn sich nur ein Partner vor dem Kreuz Jesu demütigt und seine Verschmutzung des Wassers zugibt und um Verzeihung bittet, wird er wohl von der Verschmutzung befreit, der andere aber kommt in die Gefahr, ja Position hinein, sich erhoben und erhaben zu fühlen. Dabei wird seine Röhre leer. Er hat nichts zu geben. Es ist gefährlich, hochmütig zu sein und auf andere, besonders auf seinen Partner herabzublicken. Dadurch geraten wir ins Gericht. Denn »Gott widersteht den Hoffärtigen, aber den Demütigen gibt er Gnade« (1. Petr 5,5).

Die gemeinsame Schuldübernahme

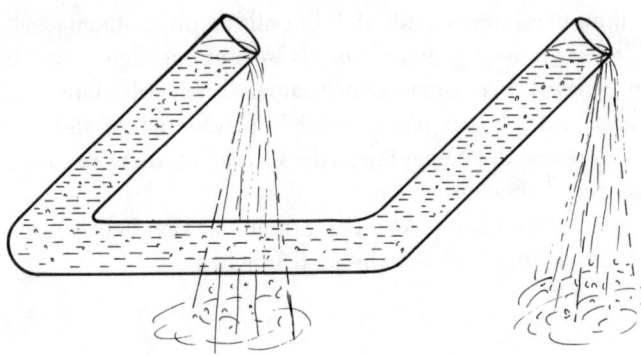

Wie die beiden Röhrenöffnungen, so demütigen sich beide Partner in gleicher Weise und gleich tief im Gebet vor dem Kreuz Christi, dem Ort der Vergebung in der Ehe und Familie. Beide stehen vor Christus gleich niedrig und gleich hoch. Beide erfahren Reinigung und können sich neu füllen lassen. Sie können der Aufforderung der Schrift nachkommen: »Wen dürstet, der komme; und wer da will, der nehme das Wasser des Lebens umsonst« (Offb 22,17).

Die gemeinsame Aufgabe

Die Befreiung von gegenseitiger Schuld schafft die Basis zum gemeinsamen Gebet. Darauf baut sich der Gebetsdienst der Ehepaare auf. Beten – so lernen wir im Alten Testament – heißt zunächst segnen. Wo Luther übersetzt: »Lobe den Herrn, meine Seele!« steht im Hebräischen das Wort »Segnen«, wie es die englische Übersetzung wiedergibt: »Bless the Lord, oh my soul« (vgl. Ps 103,1). Den Herrn segnen heißt, an ihn zurückgeben, was wir von ihm empfangen haben. Denn Er thront über dem Lob Israels (Ps 22,4). Und einen Menschen segnen heißt, an ihn weitergeben, was wir vom Herrn empfangen haben. Das Segnen ist ein Geben und Nehmen, und so ist es mit der Fürbitte.

Es war die vornehmliche Aufgabe des Hohenpriesters in Israel, für die zwölf Stämme des Volksverbandes zu beten. Die Namen der Stämme waren einzeln auf den verschiedenen Edelsteinen seines Brustlatzes und je zu sechs auf den Edelsteinen der beiden Schulterspangen eingraviert. Wenn er im Heiligtum betete, trug er die Namen Israels vor Gott, ja er trug sie auf seinem Herzen. Eltern dürfen in dieser Weise priesterlich für ihre Kinder und ihre erweiterte Familie beten. Eltern sind vor Gott die Priester ihrer Kinder. Die Verantwortung ist groß. Deswegen hat Gott jedem Kind zwei Priester zugedacht, den Vater und die Mutter. Im gemeinsamen Gebet für die Kinder kommen die Eltern ihrem priesterlichen Auftrag nach.

Beten heißt Schutz gewähren

Wenn der Hohepriester Israel segnete, sollte er so den Namen Gottes auf die Kinder Israel legen (vgl. 4. Mose 6,27). Von dem Namen Gottes, dem Jahwenamen im Alten Testament, wird gesagt, daß er wie eine feste Burg ist (vgl. Spr 18,10). Von Hiob bekennt Satan, daß Gott ihn ringsumher beschützt und einen Zaun um ihn gezogen hat (vgl. Hiob 1,10). Ebenso muß der zwielichtige Bileam zugeben, daß kein Zauberspruch etwas gegen Israel auszurichten vermag – so 4. Mose 23,23 – denn Israel war gesegnet. Der Königsjubel, der prophezeite Messiasjubel, war in seiner Mitte. Gott thront über seinem Volk und macht es unangreifbar für seine Feinde.

Wenn Eltern ihre Kinder im gemeinsamen Gebet segnen und für sie beten, legen sie mit dem Namen Jesu, den sie über den Kindern anrufen, einen Schutz auf sie. Es umgibt sie ein unsichtbarer, aber in der geistlichen Welt wohl sichtbarer Zaun. Wie sehr sind unsere Kinder auf diesen Schutz angewiesen in einer Gesellschaft, die sich so viel schmutziges und verschmutztes Wasser zumutet? Es wird an ihnen ablaufen wie das Wasser an der Ente. Es ist ein großes Geheimnis um das segnende Gebet für die Kinder. Es steht unter einer doppelten Verheißung, wo es gemeinsam geschieht, weil Mann und Frau darin eins geworden sind (vgl. Mt 18,19).

Jesus, unser Hoherpriester

Im Ringen um den Weg der Kinder kommen wir, wie im Ringen um unseren eigenen Weg, sehr schnell an unsere Grenzen. Der Böse scheint übermächtig zu sein, und er ist es auch, denn »wir haben nicht mit Fleisch und Blut zu kämpfen, sondern mit den bösen Geistern unter dem Himmel« (vgl. Eph 6,12). Wir können da nur in das Bekenntnis M. Luthers einstimmen: »Mit unsrer Macht ist nichts getan.« Um so mehr brauchen wir den Blick auf Jesus: »Es streit' für uns der rechte Mann«, und der heißt Jesus Christus. Beten heißt deswegen: sich Jesus überlassen und Probleme ihm übergeben. Abgeben können muß gelernt werden. Problemfälle vertrauensvoll in kompetentere Hände legen, das heißt beten. Und je schwerer die Fälle sind, desto mehr brauchen wir das gemeinsame Gebet. Im Abgeben und Loslassen bewährt und realisiert sich unser Glaube. Denn gerade wenn wir unsere priesterlichen Aufgaben ernst nehmen, dürfen wir wissen, daß wir einen Hohenpriester über uns haben. Er ist heilig und unschuldig und höher als der Himmel. Er lebt immerdar und bittet für uns (vgl. Hebr 7,25–26). Für ihn gibt es keine hoffnungslosen Fälle. Seine Macht reicht von der Erde in den Himmel (Mt 28,18); er steht über allen Mächten, den sichtbaren und den unsichtbaren (Kol 1,15): Jesus, unser Hoherpriester. In seiner Fürbitte bin ich geborgen (Röm 8,34). Ich denke gern an die Bemerkung eines Pfarrbruders: »Wenn ich mich in meinem Dienst heißgelaufen habe, ist es, als ob Jesus mir auf die Schulter tupfen und sagen würde: ›Laß mich nur machen!‹«

Stellvertretendes Leiden

Zu den priesterlichen Aufgaben gehört der Opferdienst. Seit Jesus sich »durch den ewigen Geist Gott als Opfer ohne Fehl dargebracht hat« (Hebr 9,14), ist jegliches weitere Opfer als Sühne überflüssig. Das heißt aber nicht, daß wir den Leiden Christi entnommen wären, die so lange andauern, bis die Wirkung seines Opfers unsere Mitmenschen erreicht und zum Glauben an Jesus geführt hat (vgl. Kol 1,24). Dieses stellvertretende, priesterliche Leiden bleibt Christen nicht erspart. Auch Eltern werden im Ringen um ihre Kinder in das stellvertretende Leiden geführt. Es äußert sich im stillen Mittragen ihrer Not, im Mitleiden ihres Leidens und im Ertragen ihrer Angriffe. Es ist ein stummes Leiden, denn Worte richten nichts mehr aus. Es ist wie das Verstummen Jesu vor seinen Hassern. Jesus hat für seine Feinde gebetet, weil sie nicht wußten, was sie taten (Lk 23,34). Er hat nicht mehr zu ihnen, aber für sie zu Gott gesprochen. Das ist die Stunde der Anfechtung, die via dolorosa, der Sterbensweg des Glaubens. Hier wird »die Gemeinschaft mit seinen Leiden« erfahren, die uns »seinem Tode gleichgestaltet«, aber auch die »Kraft seiner Auferstehung« freisetzt (vgl. Phil 3,10–11). Denn nach jedem Begraben der eigenen Hoffnung hat Gott für den Christen einen Tag der Auferstehung bereit. Er ist ein Gott der Lebendigen, der zum Leben führt und uns an seinem unsterblichen Leben Anteil gibt (vgl. Mt 22,32). So gilt auch für unsere stellvertretende Fürbitte und unser stellvertretendes Leiden das kräftige Wort Luthers: »Gott schuf die Welt aus dem Nichts, und alles, was er gebrauchen will, macht er zuerst zu nichts. «Dann wird uns der Glaube Abrahams beseelen, den Gott zum »Vater vieler Völker« machen konnte, weil er Gott geglaubt hat, »der da lebendig macht die Toten und ruft dem, was nicht ist, daß es sei« (Röm 4,17).

Wer so für seine Kinder fastet und betet, wird sein Angesicht vom Schweiß durchwachter Nächte reinigen und sein Haupt salben mit dem Öl der Freude und der Glaubenszuversicht. Die Kinder sollen es nicht merken, aber der himmlische Vater wird's merken, der ins Verborgene sieht. Und er wird's vergelten (vgl Mt 6,17–18). So schließen wir dieses Kapitel über das gemeinsame Gebet mit Dank und Anbetung an »den Gott des Friedens, der von den Toten ausgeführt hat den großen Hirten der Schafe durch das Blut des ewigen Bundes, unseren Herrn Jesus« (Hebr 13,20).

X. Das Geheimnis der Liebe Jesu
– Eine Predigt über Epheser 5,21–33 –

Es ist wahrlich ein Fest, wenn wir Gott nahekommen und er uns. Das nenne ich einen rechten Gottesdienst, wenn Gott uns dient mit seinem Geist und Wort, und wir ihm dienen mit Lobgesang, Anbetung, Dank und Gebet. Gott thront über dem Lob seiner Gemeinde. Da ist er gegenwärtig. Das ist wahrlich Grund zur Freude! Wir lesen aus Epheser 5,21–33:

> Ordnet euch einander unter in der Furcht Christi. Ihr Frauen, ordnet euch euren Männern unter wie dem Herrn. Denn der Mann ist das Haupt der Frau, wie auch Christus das Haupt der Gemeinde ist, die er als seinen Leib erlöst hat. Aber wie nun die Gemeinde sich Christus unterordnet, so sollen sich auch die Frauen ihren Männern unterordnen in allen Dingen.
> Ihr Männer, liebt eure Frauen, wie auch Christus die Gemeinde geliebt hat und hat sich selbst für sie dahingegeben, um sie zu heiligen. Er hat sie gereinigt durch das Wasserbad im Wort, damit er sie vor sich stelle als eine Gemeinde, die herrlich sei und keinen Flecken oder Runzel oder etwas dergleichen habe, sondern die heilig und untadelig sei.
> So sollen auch die Männer ihre Frauen lieben wie ihren eigenen Leib. Wer seine Frau liebt, der liebt sich selbst. Denn niemand hat je sein eigenes Fleisch gehaßt; sondern er nährt und pflegt es, wie auch Christus die Gemeinde. Denn wir sind Glieder seines Leibes. »Darum wird ein Mann Vater und Mutter verlassen und an seiner Frau hängen, und die zwei werden ein Fleisch sein« (1. Mose 2,24).

Dies Geheimnis ist groß; ich deute es aber auf Christus und die Gemeinde.
Darum auch ihr: ein jeder habe lieb seine Frau wie sich selbst; die Frau aber ehre den Mann.

Heute morgen wollen wir von Christus und uns sprechen, von Christus und seiner Gemeinde. Die Grundordnung der Ehe vom Verlassen, Anhangen und Ein-Fleisch-Werden wendet Paulus in unserem Text auf das Verhältnis von Christus zu seiner Gemeinde an. Eine gewagte Aussage, aber eine Aussage, die uns helfen kann, zu verstehen, was glauben heißt, was wir an Jesus haben und was er für uns getan hat! Hier wird die Ehe transparent, hier wird die eheliche Gemeinschaftsform durchsichtig für eine höhere Form der Gemeinschaft, für das Liebesverhältnis Jesu zu seiner Gemeinde, zu uns. Was tat Jesus, um uns zu gewinnen, uns anzuhangen und mit uns eins zu werden? Es ist ein Geheimnis. Paulus führt uns hinein anhand der drei Schritte vom Verlassen, Anhangen und Ein-Fleisch-Werden.

1. Jesus hat verlassen, um die Verlassenen zu suchen

Um Anhangen zu können, mußte Jesus verlassen. Er hat die Trennung von seinem Vater auf sich genommen. Er hat auf seine Herrlichkeit verzichtet, auf seinen Stand der Gottgleichheit. Er hat auf die vertraute Nähe zu seinem Vater verzichtet. Wohl betete er am Grabe seines Freundes Lazarus: »Ich weiß, Vater, daß du mich immer hörst.« Weil er aber Fleisch und Blut angenommen hatte, mußte er immer wieder die Nähe des Vaters suchen. Er tat es vornehmlich in der Frühe des Tages. Was der Schritt des Verlassens für Jesus bedeutete, hat die Urgemeinde in einem Lied besungen. Paulus hat in Philipper 2,5 ff dieses Lied, diesen Christushymnus übernommen. Was haben die ersten Christen an Jesus bewundert?

> Obwohl er in göttlicher Gestalt war,
> nahm er's nicht als einen Raub, Gott gleich zu sein,
> sondern entäußerte sich selbst und nahm Knechtsgestalt
> an.

Er ward gleich wie ein anderer Mensch
und an Gebärden wie ein Mensch erfunden
Er erniedrigte sich selbst und ward gehorsam bis zum Tode,
ja zum Tode am Kreuz.«

Jesus verließ, um Mensch zu werden, um uns an Gebärden nicht fremd zu sein. Jesus wurde das Vorbild eines jeden Missionars, der sich in die Kultur und das Leben eines Landes so integriert, daß er bis in seine Gebärdensprache hinein nicht fremd wirkt. Doch Jesus tat noch mehr. Jesus verließ, um in den Tod zu gehen. Als er den Himmel verließ, wußte er, daß er einmal ausrufen würde: »Mein Gott, mein Gott, warum hast du mich verlassen?« Jesus ließ sich von Gott verlassen, damit kein Mensch einmal in die Lage kommen muß, von Gott verlassen zu sein. Jesus hat verlassen, weil die Zielgruppe seines Dienstes die Verlassenen waren, die Gottverlassenen, Verwahrlosten und Ermatteten, die – wie Jesus es in Matthäus 9,36 sagte – wie Schafe waren, die keinen Hirten hatten: hilflos, verängstigt und ermattet am Boden liegend, zerstreut und hin- und hergerissen von den eigenen Lüsten, von den Ideologien und Meinungen der Menschen, die sich zu Hirten aufgeschwungen haben, aber nur Mietlinge waren. Er hat verlassen, um die Verlassenen zu erreichen.

Gestern abend hörten wir von den Unerreichten und sahen Menschen vor uns, die noch niemals die Frohe Botschaft vom Kommen Jesu gehört haben. Diese 47% der Weltbevölkerung können uns nicht loslassen, wenn wir Jesus verstanden haben, der verlassen hat, der Opfer gebracht hat, damit kein Mensch verlassen sein muß.

2. Jesus hat verlassen, um anzuhangen

Jesus warb um uns, wie ein junger Mann um eine junge Frau wirbt. Er warb um uns sogar, als wir noch Feinde waren (vgl. Röm 5,8). Er steckte unsere Ablehnung ein und ließ sich nicht erbittern. Bis heute steht er vor der Herzenstür eines jeden Menschen, der über diese Erde geht und klopft wie ein Bittender. Er klopft zwei-

oder dreimal, leise oder sehr vernehmlich, aber er bricht die Tür nicht auf. Wem von uns fiele es schon ein, seinen Bundespräsidenten vor der Haustür stehenzulassen? Jesus läßt es sich bis heute gefallen, draußen vor der Tür zu stehen. Vielleicht sind wir schon Christen geworden und haben Jesus eingelassen. Doch da gibt es einige besondere Räume, die noch verschlossen sind, in welchen wir ihn lieber nicht hätten. Jesus erniedrigte sich. In Jesus wurde der Schöpfer Himmels und der Erde ein bittender Gott, ein Einlaß und Gemeinschaft erbittender Gott. Was für ein Paradox! Was für eine Umkehrung! Was für eine Revolution der Liebe!

So heißt es auch von den Jesus-Leuten, daß sie bitten. Sie fordern nicht, sie bitten: »Laßt euch versöhnen mit Gott!« (2. Kor 5,20): Laßt euch heimholen! Das Vaterhaus ist noch offen. Wir haben eine Bleibe in dieser Welt. Laßt euch einladen! Seid nicht verstockt und irrt nicht umher wie die Unbehausten, wie die ewig Stolzen und Hochmütigen, die es nicht wahrhaben wollen: Gottes zu bedürfen, ist des Menschen höchste Vollkommenheit (Kierkegaard). So warb Jesus um seine Gemeinde, und so wirbt er bis heute durch seine Gemeinde.

Wer sind wir, wer bin ich, daß Jesus an uns Gefallen fand? Was ist an uns so anziehend, daß er sich sogar bis zur Lebenshingabe für uns einsetzte? Diese Frage muß Jesus uns einmal selbst beantworten. Ich vermag es nicht. Ich weiß nur, daß Jesus an uns Flecken und Runzeln gefunden hat, wie es in Vers 27 ausgedrückt ist.

Reinigung von Flecken und Runzeln

Flecken verunreinigen. Das Wort Gottes gibt Licht und befreit, aber es entlarvt auch. »Ich hab's geschluckt«, sagte mir ein Teilnehmer, »intim vor der Ehe kommt für einen Christen nicht in Frage. Aber es war ein schwerer Brocken.« Wir brauchen eine ganz neue Wahrheitsschau, um die Flecken erkennen zu können. Im Umgang miteinander und mit unserem Leibe wollen wir uns von Flecken reinigen lassen und vor Flecken schützen. Ich bin gefragt worden, ob Petting in der Verlobung und vor der Ehe erlaubt sei. Was ist Petting? Petting ist die Vorbereitung zur leiblichen Vereinigung und gehört in die Ehe. Wer hier nicht achtsam ist, wirft eine Dynamik an, der er nicht mehr Herr werden wird. Es gibt so viele Variationen der Zärtlichkeit. Aber diese Form bewahrt euch für die Ehe, sonst gefährdet ihr euch.

Jesus möchte auch die Runzeln entfernen, die Enttäuschung, Verbitterung und Resignation in unser Gesicht und in unsere Seele eingegraben haben. Auch von Wunden der Vergangenheit, von der Erinnerung an Verletzungen der Seele und des Leibes heilt Jesus. Er warb um uns, um uns zu seinem Leib zu erlösen (V. 23) Wenn Jesus sich mit uns einläßt, hat er ein hohes Ziel. Er möchte uns darstellen als eine Braut ohne Flecken und Runzeln. Er möchte uns heilen und schön machen. Das Wort von der Erlösung greift aber noch tiefer. Er hat uns erlöst, wo wir versklavt waren. Er hat uns losgebunden, wo wir gebunden waren, gebunden an Lüste und Zwänge, gebunden an unseren Egoismus, an die ichbezogene Selbstverwirklichung. Selbst von dämonischen Bindungen kann das Blut Jesu erlösen. Der Umgang mit okkulten und dämonischen Mächten ist in Europa im Schwange. Wer sich auf diese Mächte einläßt, gerät unter ihren Anspruch. Jesus hat uns auch von den Ansprüchen Satans erlöst, damit wir sein Leib würden.

»Jesus hat die Gemeinde durch sein Wort gereinigt« (V. 26)

Worte haben reinigende Wirkung. »Ihr seid schon rein um der Worte willen, die ich zu euch geredet habe«, sagt Jesus in Johannes 15,3. Jedesmal, wenn wir uns mit der Bibel beschäftigen, merken wir, hier wird an uns gearbeitet. Hier werde ich gesäubert und gereinigt von meinen falschen Vorstellungen und Wegen, von falschen Lehrmeinungen der Welt.

Jesus redet aber nicht nur zu uns, er wartet auf unsere Antwort. Beten ist kein Hobby frommer Leute. Beten ist der Ausdruck meiner Wertschätzung Jesu. Beten ist Ausdruck meiner Liebe zu ihm. Wenn ich einen Menschen liebe, dann rede ich mit ihm. Herzensinhalte werden am tiefsten durchs Wort weitergegeben. Jesus wartet, daß wir zu ihm reden. Ich meine hier nicht die vorgeformten Gebete, so hilfreich sie zu ihrer Zeit sein können. Jesus wartet auf das Gespräch meines Herzens, auf meine eigenen, selbstgeformten

Worte. Es wäre doch eigenartig, wenn ein Liebhaber zu seiner Erwählten nur in auswendig gelernten Reimen spräche. Sie wird darauf dringen, daß er sagt, was er persönlich empfindet. Haben wir Jesus unsere persönliche Antwort bisher vorenthalten? Haben Sie ihn stehenlassen in seiner Liebe? Gebet ist nicht an besondere Orte gebunden. Wir dürfen beten, wo immer wir sind. Viele beten am Steuer ihres Wagens. Wie wichtig ist der immerwährende Kontakt zu Jesus für Freundschaft und Verlobtsein, um sich rückorientieren zu können! Es ist gleichsam ein Walkie-talkie-System auf geistlicher Ebene.

Mit seinem Wort nährt und pflegt Jesus die Gemeinde (V. 29). Die Stille Zeit am Morgen mit Bibellese und Gebet ist eine Notwendigkeit für den Christen. Es ist das Frühstück für unseren inneren Menschen.

3. Jesus hat verlassen, um eins zu werden

»Es werden« – sagt die Schrift – »die zwei ein Fleisch sein. Das Geheimnis ist groß. Ich rede aber von Christus und der Gemeinde« (V. 31–32). Eines der hellsten Worte der Heiligen Schrift finden wir in einem ihrer dunkelsten Kapitel. Im sechsten Kapitel des 1. Korintherbriefes ringt Paulus um die Heiligung der Gemeinde zu Korinth. Er kämpft darum, daß sie die Freudenhäuser verlassen, daß sie das unverantwortliche Schlafen dort unterlassen. Mitten in diesem Kapitel leuchtet der Vers hervor: »Wer aber Christus anhanget, der ist ein Geist mit ihm« (1. Kor 6,17). Ist es möglich, in Geistesgemeinschaft mit Jesus zu treten, mit ihm eins zu werden, wie Mann und Frau ein Fleisch werden? Heißt das glauben? – Dann bedarf es zum Glauben einer geistlichen Weckung, wie wir auf leiblichem Gebiet von der geschlechtlichen Weckung gesprochen haben. Dann muß das geistliche Verlangen in mir geweckt werden. Der Satz des Bräutigams im Hohenlied: »Unter dem Apfelbaum weckte ich dich« (8,5) gilt auch für Jesus, den Bräutigam seiner Gemeinde. Allerdings ist nicht der üppige Schatten eines Apfelbaums, sondern der karge Schatten seines Kreuzes der Ort, wo uns seine weckende Liebe erreicht. Jesus will mit uns eins werden, im Geist, auf seelischem, aber auch auf leiblichem Gebiet. »Es werden die zwei ein Fleisch sein«: Dieses Geheimnis vollzieht sich in jeder Abendmahlsfeier. Jesus wird ein Fleisch mit uns, indem er uns Anteil gibt an seinem gebrochenen Leibe. Durch das Essen und Trinken werden wir eins mit ihm, ein Fleisch, Ausdruck eines neuen Lebensorganismus, einer neuen Liebeseinheit.

Die Lebenshingabe des Leibes Jesu

Es ist der gebrochene Leib Jesu, den wir essen. Was tat Jesus mit seinem Leib? Wir haben uns Gedanken darüber gemacht, wie wir mit unserem Leib und mit dem Leib unseres Nächsten verantwortlich umgehen sollen. Jesus empfing mit großer Dankbarkeit seinen Leib aus den Händen des Vaters. Davon lesen wir in Hebräer 10,5. Er wollte seinen Leib einsetzen, um den Willen Gottes zu tun (Hebr 10,7). Wie wurde der Leib Jesu geadelt! Welche Liebe und heilende Kraft strömte von ihm aus! Und dann setzte Jesus seinen Leib für das höchste ein, für das Opfer. »Wir sind geheiligt ein für allemal durch das Opfer des Leibes Jesu Christi«, erklärt der Hebräerbrief (10,10). Die Lebenshingabe des Leibes zum Opfer ist die höchste Erfüllung des Leibes. Jede Frau, die gebiert, weiß, daß sie ihr Leben in Gefahr bringt. Die Geburt neuen Lebens ist ohne Opferbereitschaft nicht möglich. So erfordert die Wiedergeburt, unsere geistliche Geburt, das Opfer des Leibes Jesu Christi, damit wir Frieden hätten durch die Vergebung und durch seine Wunden geheilt würden. In der Lebenshingabe des Leibes Jesu, in dieser höchsten Wertung des Leibes müssen wir unsere Gefühle und Sehnsüchte unterbringen und einordnen, alle Sehnsucht nach Geborgenheit, Partnerschaft und leiblicher Gemeinschaft. Hier sind sie in einem doppelten Sinn aufgehoben: aufbewahrt und nicht mehr da. Ich meine, daß nur der Mensch zu einer Partnerschaft fähig ist, der auch allein sein kann. Wer in dem Opfer Jesu und in der Liebesgemeinschaft mit ihm alles gefunden hat, was er braucht, wird seinen Partner nicht überfordern. Eigentlich kann nur der heiraten, der nach Leib, Seele und Geist in Christus aufgehoben ist.

»Wir sind Glieder seines Leibes« (V. 30)

Durch das Opfer seines Leibes hat Jesus eine neue, eine ewige
Gemeinschaftsform geschaffen: die Gottesfamilie. Verheirateten
und Unverheirateten, dem Kind und dem Greis, arm und reich und
schwarz und weiß steht sie offen. Nach Markus 3,35 gehört jeder
dazu, der Gottes Willen tut, der Gottes Wort hört und tut (Lk
8,21). Diese nennt Jesus seine Brüder und Schwestern. Mit einem
Satz: Wer an Jesus glaubt, gehört dazu. Diese Gottesfamilie ist
ewig. Im Vergleich zu ihr wird die Ehe, so schön sie ist, zu einer
Vorform. Sie ist nichts Letztgültiges. Im Himmel und auf der neu-
en Erde wird nicht mehr gefreit und geheiratet (vgl. Mt 22,30).
Und die Gottesfamilie ist weltweit: alle Rassen und Völker haben
in ihr Platz und werden in ihr vertreten sein (vgl Offb 5,9–10).

Um diese Gottesfamilie zu gründen, hat Jesus verlassen und um
uns geworben. Wer mit ihm eines Geistes geworden ist – geistlich
erweckt – und teilhaftig des Segens seines Opfers, der gehört zu
der neuen Gemeinschaftsform, der Gottesfamilie, der Gemeinde,
die ewig ist. Wir sind Glieder seines Leibes, seiner Gemeinde, seiner Familie. Kann etwas Größeres von uns gesagt werden?

Zum Ausklang

Wer den Norden Deutschlands besucht, sollte es sich nicht nehmen lassen, seine drei Dome aufzusuchen: den Lübecker Dom, den Schleswiger Dom und die Johanneskirche auf der Hallig Föhr, den heimlichen Friesendom. Alle drei bergen eindrucksvolle Kunstwerke.

Kühn und gewagt ist die Aussage der Schnitzereien um die Kanzel des Friesendoms. Nachdem das Auge sich an der imponierenden, fast übermenschlichen Gestalt des Täufers satt gesehen hat, der seinen Fuß auf einen erbärmlichen und kriechenden Herodes setzt, seinen Widersacher und Mörder, entdeckt es in der Wiedergabe der Paradiesszene an der Kanzel sehr viel kleiner, aber unübersehbar ein ungewöhnliches Bild. Der Stamm des Baumes der Erkenntnis, von dem Eva gerade gegessen hat, ist als verführerischer Frauenleib mit verwundeten Brüsten dargestellt, Eva als Baum der Lust, als Erkenntnisobjekt? Wurde sie, was sie begehrte? Was für ein Fluch der Übertretung, die durch sie in die Welt kam (1. Tim 2,14)!

Ganz anders der Brüggemann-Altar des Schleswiger Domes. Eine Sinfonie der Holzschnitzerei! Allein 398 Figuren birgt dieses außergewöhnliche Werk, das 1521 zu Gottes Ehre, laut seiner Inschrift, vollendet wurde. Aus dem Figurenmeer ragen Adam und Eva alleinstehend heraus. Es geht Brüggemann um den Menschen. Die betonte Weiblichkeit Evas und der schwermütige Blick des von ihr abrückenden Adams lassen die Problematik erahnen. Über ihnen Maria, die den Überwinder der Übertretung in die Welt gebar: Christus, der der Schlange den Kopf zertrat. Von ihm handeln alle Bilder der Passions- und Heilsgeschichte. Am eindrücklichsten

wohl die Begegnung des siegreichen Christus mit Adam in der To-
tenwelt. Christus beugt sich vor, die Augen treffen sich und die
durchbohrten Hände führen Adam zum Leben. Erster und letzter
Adam stehen einander gegenüber. Es ist fast eine Begegnung von
Vater und Sohn. Der Menschensohn hilft dem Vater des Men-
schengeschlechts zum Licht.

Als Abschluß das Triumphkreuz von Bernt Notke im Dom zu
Lübeck aus dem Jahre 1477. Deutlich lassen sich zwei Formen des
Kreuzes erkennen, eines als Fluchholz, an dem Jesus stirbt, das an-
dere, das verlängerte und erweiterte Kreuz, grüßt den Besucher als
Lebensbaum. Die deutenden Figuren, die den Gekreuzigten wie
Weinranken umgeben, erklären die Heilsgeschichte vom Sünden-
fall bis zur Wiederkunft Christi. Im Mittelalter wurde dieses Motiv
häufiger bedacht und erarbeitet. Das Kreuz Jesu als Baum des Le-
bens, hier auf Erden aufgerichtet; es verschafft dem Menschen den
Zugang zum Lebensbaum, der ihm im Paradies verlorenging.

Jesus, unser Lebensbaum, »die Wurzel und das Geschlecht Da-
vids« (Offb 22,16). Er ist der Träger der neuen Menschheit. Wer
sich in ihn einpflanzen läßt und in ihm bleibt, bringt viel Frucht,
denn ohne ihn können wir nichts tun (Joh 15,5).

Literaturverzeichnis

E. Blechschmidt	Das Wunder des Kleinen Die frühen Verhaltensweisen des ungeborenen Kindes	Verlag Weißes Kreuz, Vellmer-Kassel, 1985.
E. Blechschmidt	Die Erhaltung der Individualität Fakten zur Humanembryologie	Wort und Wissen, Bd. 12, Hänssler-Verlag, Neuhausen-Stuttgart, 1985.
E. Blechschmidt	Der Irrtum Haeckels	Zeitschrift der europ. Ärzteaktion, Ulm/Donau.
H. Bräumer	Lieben wagen	Hänssler-Verlag, Neuhausen-Stuttgart, 1986.
W. Brauer	Heinrich Heines Heimkehr zu Gott	Bundes-Verlag Witten, 1982.
Karl Carstens	Die Verantwortung des Christen in der Politik	Geschäftsmann und Christ, Nr. 2, 1987, Zeitschrift der IVCG.
A. Grün	Lebensmitte als geistliche Aufgabe bei Johannes Tauler und C. G. Jung	Vier-Türme-Verlag, Münsterschwarzach, 1980.
H. Hempelmann	Emanzipation und Selbstverwirklichung aus philosophischer und biblischer Sicht	Theol. Beiträge, 1985/2, Brockhaus-Verlag, Wuppertal.
H. B. Kaufmann	Sehen lernen, was Kinder brauchen	Theol. Beiträge, 1985/2, Brockhaus-Verlag, Wuppertal.
H. Kemner	Von Gott geprägt, Begegnungen	Hänssler-Verlag, Neuhausen-Stuttgart, 1984.
H. Korinth	Martin Luther: Christlicher Wegweiser für jeden Tag	Selbstverlag, Hamburg, 1980.

M. Luther	Sermon von den guten Werken (1520), Luthers Werke für das christliche Haus, Bd. 1	M.-Heinsius-Verlag, Leipzig, 1924.
L. v. Padberg	Weltverbesserung oder Weltverantwortung	EC-Born-Verlag, Kassel, 1982.
F. Schmidt-König	Käthe Luther, die Weggenossin des Reformators	Telos-Taschenbuch Nr. 329, Lahr-Dinglingen, 1982.
M. Stroud	Wir zwei, Ehe – das große Geschenk	Bildband, Brunnen-Verlag, Gießen, 1982
M. Stroud	Liebe, das große Geschenk	Bildband, Brunnen-Verlag, Gießen, 1981.
J. Zink	Zwölf Nächte Ein Weihnachts-Bildband	Kreuz-Verlag Stuttgart-Berlin

Volkhard und Gerlinde Scheunemann

Ein Leben lang Glück und Geborgenheit?

Pb., 260 S.,
Nr. 71218

Zerrüttete Ehen und Familien sind heute an der Tagesordnung. Wieviel Unglück entsteht daraus, auch für die betroffenen Kinder! Die Autoren führen selbst ein glückliches Ehe- und Familienleben. Sie haben erlebt, daß dies nur im Schutzraum der Ordnungen Gottes möglich ist. In diesem hilfreichen Buch geben sie ihre Erfahrungen weiter.

Leseprobe aus »Ein Leben lang Glück und Geborgenheit?«
von V. u. G. Scheunemann

Die Augen beherrschen

Gott hat den Mann so geschaffen, daß er für Schönheit emp-
fänglich ist. Deswegen ist die Frau vielleicht auch schöner als der
Mann und von Gott mit einem ausgesprochenen Schönheitssinn
begabt, um sich und ihre Umgebung zu schmücken. Nun meine
ich nicht nur Form und Farbe, Figur und Kleidung. Es gibt eine
tiefere, innere Schönheit. Die Bibel nennt sie die Schönheit „des
verborgenen Menschen des Herzens" (1 Petr 3,4), die *„unvergäng-
lich"* ist. Sie drückt sich aus in der Klarheit und Wärme der Augen,
der Stimme, im Klang des Lachens, im beschwingten oder verhal-
tenen Schritt, im Helfen, in Dienstbereitschaft und in vielem anderen mehr. Äußere und innere Schönheit gehören zusammen. Eine
dient der anderen, und die unvergängliche hilft der vergänglichen
auf.

Je befriedigter ein Mann in seiner Ehe ist, desto unanfälliger ist
er nach außen. Denn das, was sich Eheleute durch Jahre an Verstehen und gegenseitiger Wertschätzung aufgebaut haben, ist so wertvoll, ist ein solches Geschenk, daß es unantastbar bleiben muß.
Nur ein Tor verschleudert dieses Gut (Spr 5, 20–23). Ein reifer Apfel ist wertvoller als ein grüner. Weil Männer sehr leicht durch die
Augen beeinflußbar sind, müssen sie lernen, ihre Augen zu beherrschen. Wie wirkt unser Blick? Lüstern oder beschenkend? Herab-
ziehend oder erhebend? Wer mit Jesu Hilfe seine Sexualität mei-
stern konnte, bekommt Augen, die segnen, die auch einen schönen
Menschen segnen und ihn nicht begehren, für ihn danken, daß
Gott ihn geschaffen hat und für ihn beten, daß er bewahrt bleibt.
Hiob sagte: „Ich habe einen Bund gemacht mit meinen Augen,
daß ich nicht lüstern blickte auf eine Jungfrau" (Hiob 31,1).

Sich zu beherrschen lernen, lernen, nicht ungeschickt zu sein,
lernen, nicht gleich zu erröten, das alles braucht Zeit. An die Beherrschung der Geschlechtskraft hat die Bibel fundamental gebunden, daß ein Junge zum Mann wird. In diesem Kampf, Mann
zu werden, darf er Jesus erfahren. Denn: „Ohne mich könnt ihr

nichts tun" (Joh 15,5). Derselbe Geist, der Jesus befähigte, beherrscht zu leben, wird auch unser Teil und Erbe, wenn Jesus uns zu Söhnen und Töchtern Gottes gemacht hat. In 2 Tim 1,7 wird der Heilige Geist „ein Geist der Kraft, der Liebe und der Zucht" genannt. In Galater 5,22 wird „Selbstbeherrschung" als eine „Frucht des Geistes" bezeichnet. Dieser Heilige Geist ist unser herrliches Erbe. „Seid ihr aber Christi, so seid ihr ja Erben", Erben des „verheißenen Geistes" (vgl. Gal 3,14.29).

Ein Wort an junge Mädchen

Es ist wunderbar, jung zu sein. Die Welt liegt vor uns und damit das Leben in seiner ganzen Fülle und Schönheit, in dem Reichtum, den Gott für uns geschaffen hat. Verheißungsvoll, lockend.

Und zugleich ist es sehr schwer, jung zu sein. Es ist die Zeit, in der die Weichen für unser zukünftiges Leben gestellt werden.

Dabei hängt zum erstenmal so viel von unserer eigenen Entscheidung ab! Wo vorher die Eltern für uns bestimmten, wo wir uns führen lassen konnten, wird nun immer mehr Verantwortung für eigene Entscheidungen von uns selbst verlangt. Dabei sind wir umgeben von einem Stimmengewirr an Angeboten und Verlockungen, ja, von einer Übermacht an Verführung. Und *eine* Fehlentscheidung in diesen Jahren kann katastrophale Folgen für unser ganzes Leben haben.

Nehmt euch Zeit, um euch zu orientieren, bevor ihr folgenschwere Schritte tut! Nehmt das wunderbare Angebot der Freiheit, der freien Entscheidung so ernst, daß ihr sie euch nicht abnehmen laßt von der Menge, „von dem, was die anderen tun", von dem, was „modern", was „in" ist.

Wenn du Jesus nachfolgst, mußt du den Mut haben, ganz bewußt gegen den Strom zu schwimmen. „Sei ein lebendiger Fisch, schwimme doch gegen den Strom! Auf und wag es frisch, Freude und Sieg sind dein Lohn." Als Christen lassen wir uns nicht mit der Menge treiben. Wir haben unsere Marschordnung, die Gültigkeit besitzt, die zuverlässig ist, die uns den Weg zeigt: den Weg, auf dem wir das Leben gewinnen, es bewahren und erhalten können, und auf dem wir ans Ziel kommen.

Volkhard Scheunemann

Licht am Horizont

Weltuntergang oder Weltvollendung
– was geschieht mit uns?

Tb., 152 S.,
Nr. 77.616, ISBN 3-7751-1889-6

Werden die Kinder von heute morgen hungern oder am eigenen Leib Krieg erleben? Werden sie selbst auf der Flucht sein,
oder werden sie von Flüchtlingsströmen überschwemmt? Sind
dann viele Tiere und Menschen verstrahlt und verseucht?
Bange Fragen an die Zukunft, die uns unsicher machen. Wer
gibt Hoffnung bei solch düsteren Zukunftsaussichten?
Volkhard Scheunemann zeigt, wie aktuell die Bibel und ihre
Zukunftsaussagen gerade heute sind.

Bitte fragen Sie in Ihrer Buchhhandlung nach diesem Buch!
Oder schreiben Sie an den Hänssler-Verlag, Postfach 12 20,
D-73762 Neuhausen-Stuttgart.